月　日　　時　分〜　時　分

名前

点

1 車のロボット  は前を向いている方に、ブロックの命令通りに進みます。ブロックの矢印 ➡ は、車の進む向きを表します。

ブロックの命令

前に1コマ進む　　その場で右を向く　　その場で左を向く

見本

ブロックを下のように並べるとき、車は、右のように進みます。

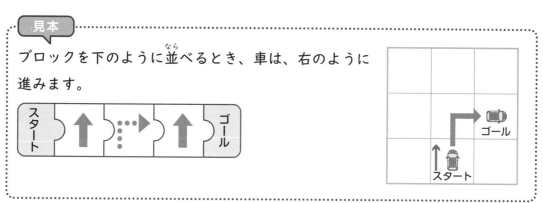

ブロックを使って次の①、②のように命令するとき、車はどのマスに進みますか。マスの中の㋐〜㋑から一つ選び、（　　）に記号を書きましょう。

[1問 20点]

①

②

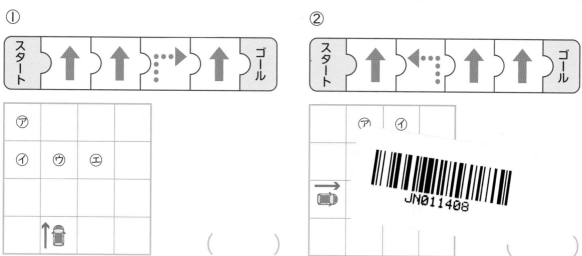

（　　　　）

（　　　　）

2 車のロボット は前を向いている方に、ブロックの命令通りに進みます。次の①～④の車をゴールのマスまで進めるには、どのようにブロックを並べるとよいですか。ブロックの命令のあいているところに矢印（↑、↱、↰）を書きましょう。ただし、やがあるマスは通れません。

[1問 15点]

① 家🏠のマスに行く

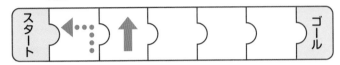

② 学校🏫のマスに行く

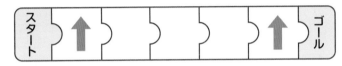

③ 本屋🏪のマスに行く

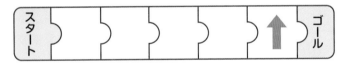

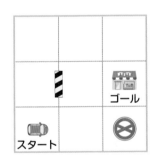

④ 花屋💐のマスに行く

4

1 次の①、②のように、図形を並べました。＜並べ方＞の（　　）にあてはまる数字を書き入れましょう。　　　　　　　　　　　　　　　　　　　　［1問 10点］

①

＜並べ方＞

 を（　　　　）回くり返す。

②

＜並べ方＞

 を（　　　　）回くり返す。

2 次の①、②のように、花をくり返し並べました。くり返しのまとまりと回数として正しいものを、次の㋐〜㋔から一つ選び、（　　）に記号を書きましょう。　　［1問 10点］

①

㋐ 🌼🌼 を 5 回くり返す。　　　　㋑ 🌼🌼 を 6 回くり返す。

㋒ 🌼🌼🌼 を 4 回くり返す。　　　㋓ 🌼🌼🌼 を 5 回くり返す。

（　　　　）

②

㋐ 🌸🌸 を 6 回くり返す。　　　　㋑ 🌸🌸 を 6 回くり返す。

㋒ 🌸🌸🌸 を 4 回くり返す。　　　㋓ 🌸🌸🌸 を 4 回くり返す。

（　　　　）

3 車のロボットは前を向いている方に、ブロックの命令通りに進みます。次の①、②の車を家のマスまで進めるには、命令を何回くり返せばよいですか。（　）にあてはまる数字を書き入れましょう。ただし、  や  があるマスは通れません。　　［1問 15点］

① ＜命令＞スタートから

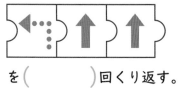

を（　　　　）回くり返す。

② ＜命令＞スタートから

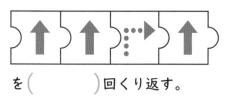

を（　　　　）回くり返す。

4 車のロボットは前を向いている方に、ブロックの命令通りに進みます。次の①、②の車を家のマスまで進めるには、どのような命令を何回くり返せばよいですか。ブロックのあいているところに矢印と、（　）にあてはまる数字を書き入れましょう。ただし、  や  があるマスは通れません。

［1問 15点］

① ＜命令＞スタートから

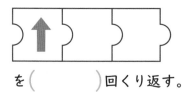

を（　　　　）回くり返す。

② ＜命令＞スタートから

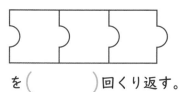

を（　　　　）回くり返す。

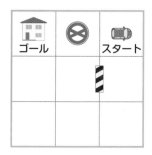

月 日　時 分〜 時 分

名前

点

　右の 例 のように、物事の流れや命令の手順を、図形で表したものを「フローチャート」といいます。順番通りに実行することを「順次」といい、「順次」のフローチャートは、右のように表します。

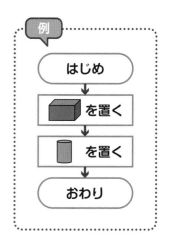

1 自動ドアが動くしくみを、フローチャートで表します。次の問題に答えましょう。

[1問 25点]

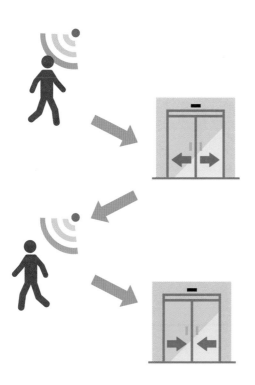

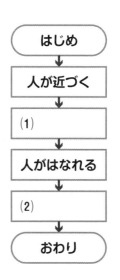

① (1)にあてはまることばを、(　)に書きましょう。

(　　　　　　　　　　)

② (2)にあてはまることばを、(　)に書きましょう。

(　　　　　　　　　　)

© くもん出版

同じ手順をくり返し実行すること
を「くり返し」といいます。フロー
チャートは、「順次」だけでも作る
ことはできますが、右のように、同
じ手順を、 ⟨ 3回くり返す ⟩ と

⟨ ここまで ⟩ を使って、
「くり返し」でまとめることで、
フローチャートを短くすることがで
きます。

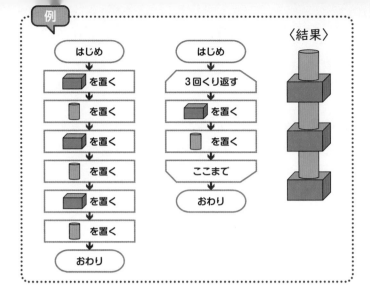

2 フローチャートに従って、左から順に動物を並べます。次のように命令したとき、正
しく動物が並んでいるのはどれですか。(　　)に〇をつけましょう。　　[1問 25点]

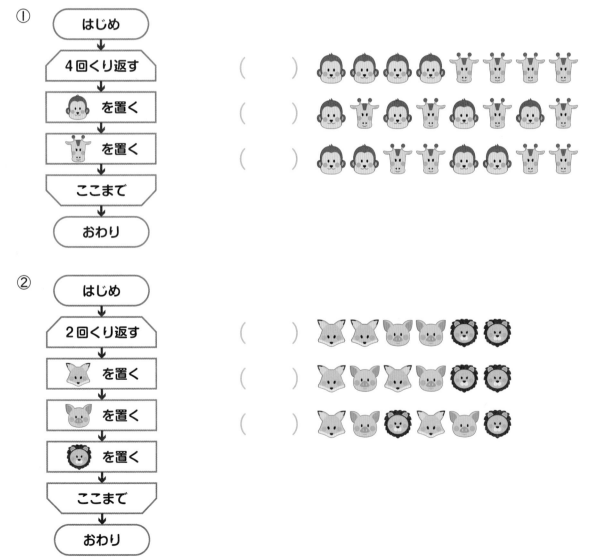

　　　　　　　　　　　　　　　　　　　　　　　　　　　　　　　© くもん出版

フローチャート②

1 犬のロボット 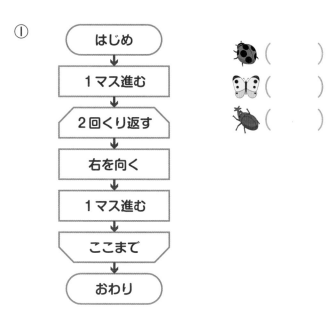 は前を向いている方に、フローチャートに従って進みます。次の
①、②のように命令するとき、どのマスに進みますか。（　　）に○をつけましょう。
ただし、 と があるマスは通れません。　　　　　　　　[1問 25点]

①

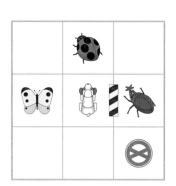

②

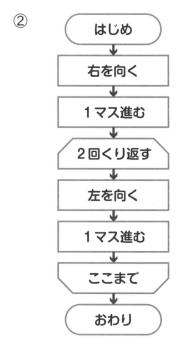

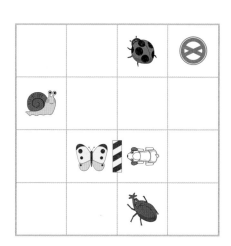

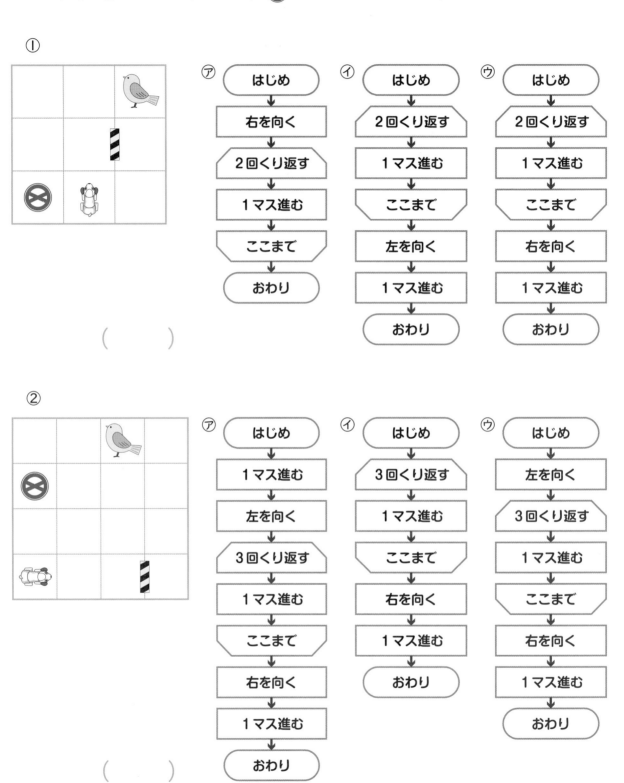

2 犬のロボットは、前を向いている方に進みます。犬のロボットを小鳥のところに進めるとき、どのフローチャートに従えばよいですか。次の⑦～⑦から一つ選び、（ ）に記号を書きましょう。ただし、 🚫 と ▨ があるマスは通れません。 ［1問 25点］

① ( )

② ( )

© くもん出版

1 車のロボットは前を向いている方に、フローチャートに従って進みます。次の①、② のように命令するとき、どのマスに進みますか。マスの中の⑦〜⑤から一つ選び、（　　）に記号を書きましょう。　　　　　　　　　　　　　　　　　　[1問20点]

①

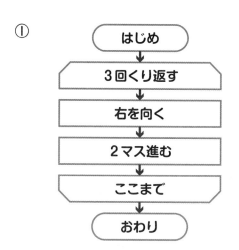

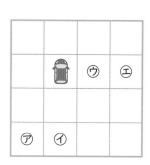

（　　　　）

②

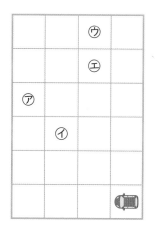

（　　　　）

2 車のロボットは前を向いている方に、フローチャートに従って進みます。次の①、② のように命令するとき、どのマスに進みますか。マスの中の㋐〜㋓から一つ選び、 （　　）に記号を書きましょう。

[1問 30点]

①

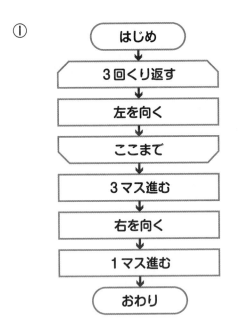

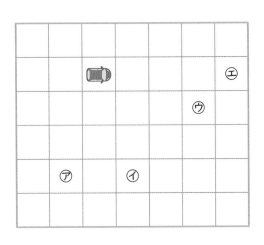

（　　　　）

②

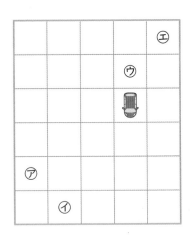

（　　　　）

6　フローチャート④

1 犬のロボットは前を向いている方に、フローチャートに従^{したが}って進みます。犬のロボットを、次の①〜③のマスに進めるとき、フローチャートの空らんに入る命令を、（　　）に書きましょう。ただし、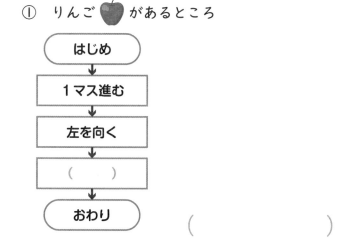 と ▨▨ があるところは通れません。　　　［1問 11点］

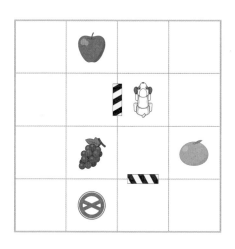

① りんご 🍎 があるところ

```
┌─────────────┐
│   はじめ      │
└─────────────┘
       ↓
┌─────────────┐
│  1マス進む    │
└─────────────┘
       ↓
┌─────────────┐
│  左を向く     │
└─────────────┘
       ↓
┌─────────────┐
│   （　　）     │
└─────────────┘
       ↓
┌─────────────┐
│   おわり      │
└─────────────┘
```

（　　　　　　　　　）

② みかん 🍊 があるところ

```
┌─────────────┐
│   はじめ      │
└─────────────┘
       ↓
┌─────────────┐
│  右を向く     │
└─────────────┘
       ↓
┌─────────────┐
│  1マス進む    │
└─────────────┘
       ↓
┌─────────────┐
│   （　　）     │
└─────────────┘
       ↓
┌─────────────┐
│  1マス進む    │
└─────────────┘
       ↓
┌─────────────┐
│   おわり      │
└─────────────┘
```

（　　　　　　　　　）

③ ぶどう 🍇 があるところ

```
┌─────────────┐
│   はじめ      │
└─────────────┘
       ↓
┌─────────────┐
│  右を向く     │
└─────────────┘
       ↓
┌─────────────┐
│   （ (1) ）    │
└─────────────┘
       ↓
┌─────────────┐
│  1マス進む    │
└─────────────┘
       ↓
┌─────────────┐
│   （ (2) ）    │
└─────────────┘
       ↓
┌─────────────┐
│  1マス進む    │
└─────────────┘
       ↓
┌─────────────┐
│   おわり      │
└─────────────┘
```

(1)（　　　　　　　　　）

(2)（　　　　　　　　　）

2 犬のロボットは前を向いている方に、フローチャートに従って進みます。犬のロボットを、次の①〜④のマスに進めるとき、フローチャートの空らんにあてはまる数字やことばを、（　）に書きましょう。ただし、 と ▨ があるところは通れません。　[1問 8点]

① 骨 があるところ

```
はじめ
  ↓
（　　）回くり返す
  ↓
1マス進む
  ↓
ここまで
  ↓
おわり
```
（　　　　　　）

② 犬小屋 があるところ

```
はじめ
  ↓
3回くり返す
  ↓
（　　　）を向く
  ↓
1マス進む
  ↓
ここまで
  ↓
おわり
```
（　　　　　　）

③ 飲み水 があるところ

```
はじめ
  ↓
（ (1) ）回くり返す
  ↓
2マス進む
  ↓
（ (2) ）を向く
  ↓
ここまで
  ↓
おわり
```
(1)（　　　　　）
(2)（　　　　　）

④ 切株 があるところ

```
はじめ
  ↓
（ (1) ）回くり返す
  ↓
2マス進む
  ↓
（ (2) ）を向く
  ↓
ここまで
  ↓
（ (3) ）を向く
  ↓
1マス進む
  ↓
おわり
```
(1)（　　　　　）
(2)（　　　　　）
(3)（　　　　　）

© くもん出版

月 日　時 分～ 時 分

名前

点

1 積み木を積む手順のフローチャートを作ります。次の〈正しい積み方〉になるように
フローチャートを作ろうとしましたが、命令をまちがえたため、〈まちがった積み方〉
になってしまいました。

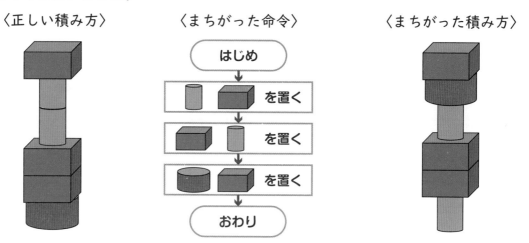

〈正しい積み方〉　　〈まちがった命令〉　　〈まちがった積み方〉

　積み木は、下から順に積んでいきます。正しい順に積み木を積むには、どの命令を
どのように直せばよいですか。〈直し方〉の㋐～㋒から一つ選び、（　　）に記号を書き
ましょう。

[40点]

〈直し方〉

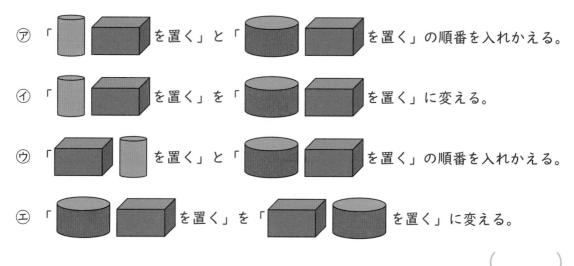

（　　　）

15

2 次の〈正しい並べ方〉になるようにフローチャートを作ろうとしましたが、命令をまちがえたため、〈まちがった並べ方〉になってしまいました。動物は、左から順に並べます。正しい順に動物を並べるには、どの命令をどのように直せばよいですか。〈直し方〉の⑦〜⑨から一つ選び、（　　）に記号を書きましょう。　　　　　　　　　　　[1問 30点]

① 〈まちがった命令〉

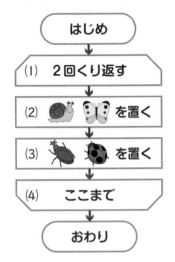

〈正しい並べ方〉

〈まちがった並べ方〉

〈直し方〉

⑦　(1)と(2)を入れかえる。

⑦　(2)と(3)を入れかえる。

⑨　(3)と(4)を入れかえる。　　　　　　　　（　　　　）

② 〈まちがった命令〉

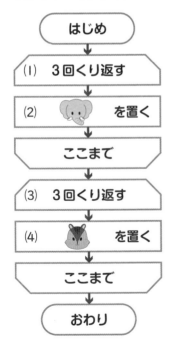

〈正しい並べ方〉

〈まちがった並べ方〉

〈直し方〉

⑦　(1)を「5回くりかえす」に直す。

⑦　(2)と(4)を入れかえる。(1)を「5回くりかえす」に直す。

⑨　(2)と(4)を入れかえる。(3)を「5回くりかえす」に直す。　　　（　　　　）

月 日　時 分〜 時 分

名前

点

1 犬のロボットは、分かれ道を、白の旗があれば左へ進み、赤の旗があれば右に進みます。次の①、②の道を進むとき、どこに着きますか。図の⑦〜①から一つ選び、（　）に記号を書きましょう。

[1問 20点]

①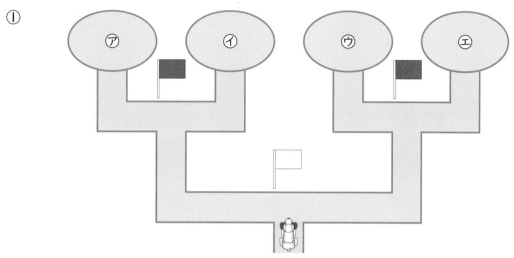

（　　）

②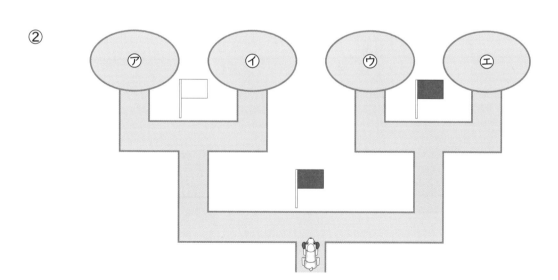

（　　）

©くもん出版

2 車のロボットが、1マスずつ前に進みます。マスに図形がかかれていたら、次のルールで進みます。車のロボットはどのマスに進みますか。マスの中の㋐〜㋓から一つ選び、（　　）に記号を書きましょう。　　　　　　　　　　　　　　　　　　　　［1問 10点］

> **ルール**
> ・四角形がかかれていたら、右を向いて2マス進む。
> ・三角形がかかれていたら、左を向いて3マス進む。
> ・上の二つにあてはまらなければ、前に1マス進む。

①

②

（　　　　　）　　　（　　　　　）

3 車のロボットが、1マスずつ前に進みます。マスの色によって、次のルールで進みます。ルールを実行するたびに車は止まり、その止まったところの文字を順番に並べます。このとき、並べてできたことばを、（　　　）に書きましょう。　　　　　　　　　［1問 20点］

> **ルール**
> ・黄色のマスなら、右を向いて2マス進む。
> ・水色のマスなら、左を向いて3マス進む。
> ・上の二つにあてはまらなければ、前に1マス進む。

①

ゴール

と	ど	お	り
か	あ	つ	た
こ	う	き	が
ひ	な	ま	わ
🚗↑	ほ	す	せ

スタート

②

ゴール

わ	い	や	り
ぼ	つ	う	と
な	ま	あ	や
せ	に	も	ぎ
し	も	す	う
き	お	🚗←	し

スタート

（ひ　　　　　　　）　　　（　　　　　　　　）

1 フローチャートを使って、ロボットに命令します。ロボットは、命令の順に、下から積み木を積んでいきます。次の①、②の命令をするとき、積み木はどのようになりますか。右の⑦、⑦から一つ選び、（　　）に記号を書きましょう。　　　[1問 20点]

①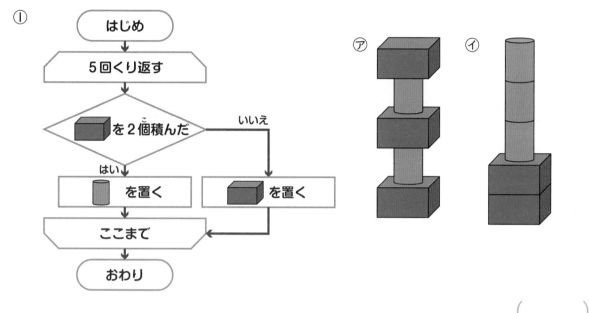

（　　　）

②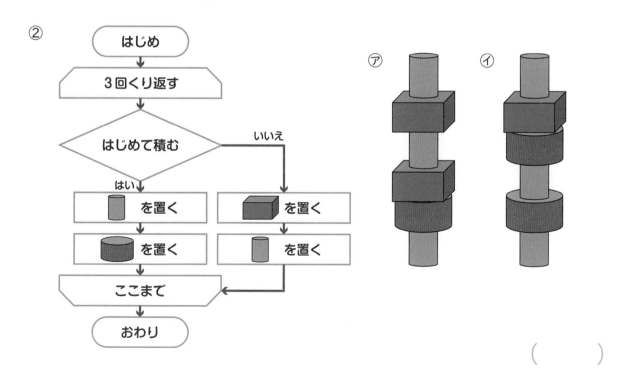

（　　　）

2 フローチャートを使って、ロボットに命令します。ロボットは、命令の順に、下から積み木を積んでいきます。次の①、②の命令をするとき、積み木はどのようになりますか。右の㋐〜㋓から一つ選び、（　　）に記号を書きましょう。

[1問 30点]

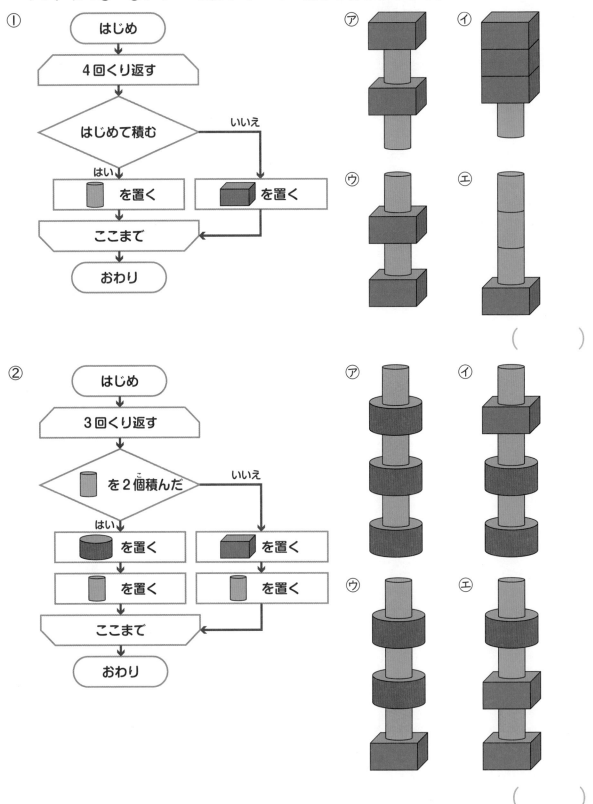

①

はじめ

4回くり返す

はじめて積む

いいえ

はい

🔵 を置く

🔲 を置く

ここまで

おわり

㋐　㋑　㋒　㋓

（　　　）

②

はじめ

3回くり返す

🔵 を2個積んだ

いいえ

はい

⚫ を置く

🔲 を置く

🔵 を置く

🔵 を置く

ここまで

おわり

㋐　㋑　㋒　㋓

（　　　）

20

©くもん出版

1 フローチャートを使って、ロボットに命令します。ロボットは、命令の順に、左から図形をかいていきます。次の①、②のような図形をかいたとき、コインの表は何回出ましたか。

［1問 20点］

① ▲ ◇ ◇ ◇

（　　　　）回

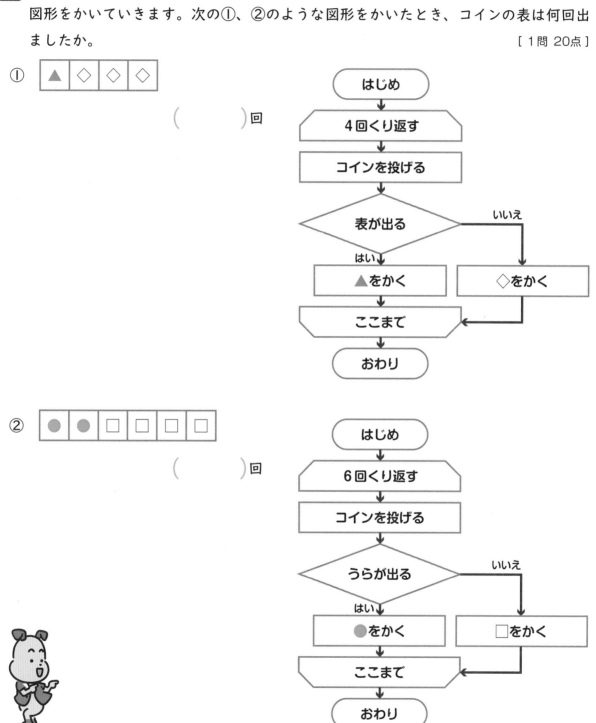

② ● ● □ □ □ □

（　　　　）回

2 フローチャートを使って、ロボットに命令します。ロボットは、命令の順に、左から図形をかいていきます。次の①、②のような図形をかいたとき、コインの表は何回出ましたか。

[1問 30点]

①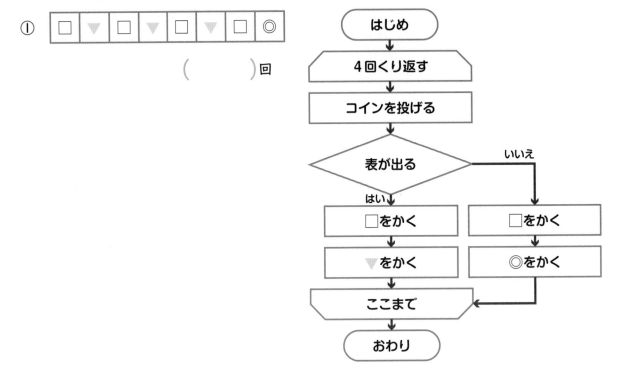

（　　　　　）回

②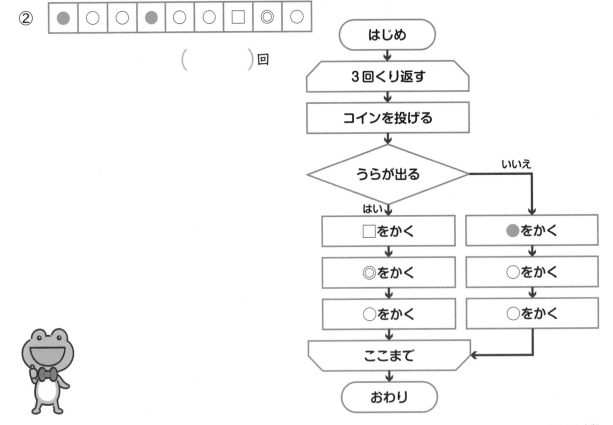

（　　　　　）回

正多角形をかこう①

1 フローチャートを使って、カメのロボット に命令します。カメのロボットは、前を向いている方に進み、通った道に線をかき、はじめの向きにもどります。　[1問 15点]

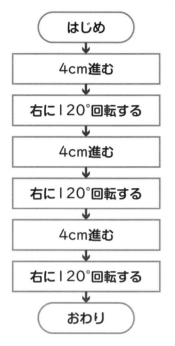

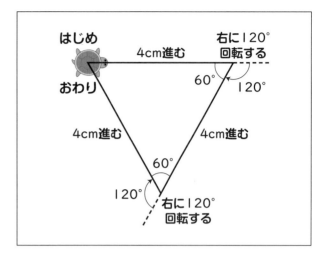

① 通った線でできる図形の名前を、（　　）に書きましょう。

（　　　　　　　　　　　）

② ①と同じ図形を、次のようなフローチャートでかいたとき、(1)〜(3)にあてはまる数字を、（　　）に書きましょう。

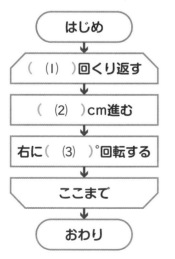

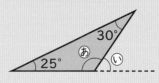

下の三角形のように、三角形の1つの角あ（内角というよ）とそのとなり合う角い（外角というよ）をたすと、180°になるんだ。

あ＋い＝180°
だったね！

(1) （　　　　　　）

(2) （　　　　　　）

(3) （　　　　　　）

2 フローチャートを使って、カメのロボットに命令します。カメのロボットは、前を向いている方に進み、通った道に線をかき、はじめの向きにもどります。　　[1問 10点]

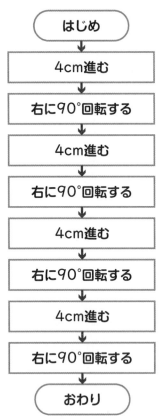

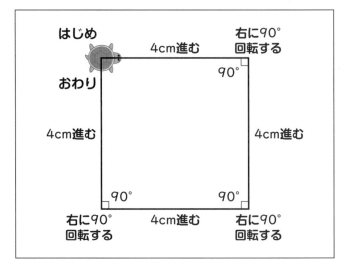

① 通った線でできる図形の名前を、（　　）に書きましょう。

（　　　　　　　　　）

② ①と同じ図形を、次のようなフローチャートでかいたとき、(1)〜(3)にあてはまる数字を、（　　）に書きましょう。

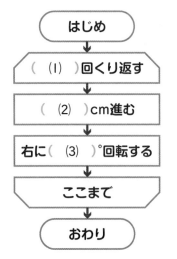

(1) （　　　　　　　）

(2) （　　　　　　　）

(3) （　　　　　　　）

月　日　　時　分〜　時　分

名前

点

1　フローチャートを使って、カメのロボットに命令します。カメのロボットは、前を向いている方に進み、通った道に線をかき、はじめの向きにもどります。

通った線でできた図形で、「1辺が3cmの正五角形をかく」フローチャートを、次のようにかきました。

[1問 20点]

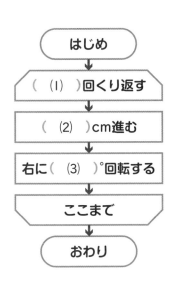

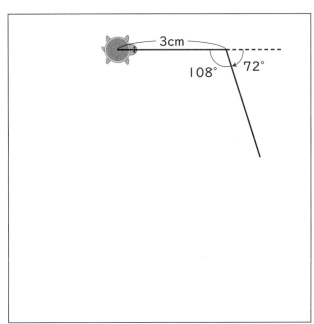

(1)〜(3)にあてはまる数字を、（　　）に書きましょう。

(1)（　　　　　）　　(2)（　　　　　）　　(3)（　　　　　）

五角形の角の大きさの和は540°だから、正五角形の1つの角の大きさは108°になるよ。

© くもん出版

2 フローチャートを使って、カメのロボットに命令します。カメのロボットは、前を向いている方に進み、通った道に線をかき、はじめの向きにもどります。

通った線でできた図形で、「1辺が3cmの正六角形をかく」フローチャートを、次のようにかきました。

[1問 20点]

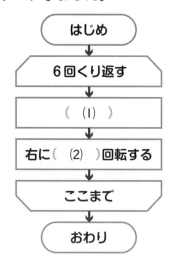

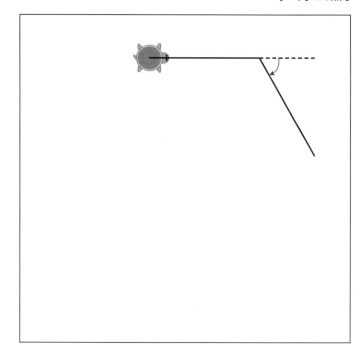

① (1)にあてはまる命令を、( )に書きましょう。

( )

② (2)にあてはまる、向きを変える角度を考えます。

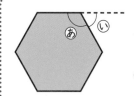
正六角形の角の大きさの和は720°だから、
1つの角の大きさは120°です。
⑤の角と⑥の角を合わせると、180°になります。

(2)にあてはまる角度を、次の⑦〜⑤から一つ選び、( )に記号を書きましょう。

⑦ 60°　　　④ 90°　　　⑦ 120°　　　⑤ 150°

( )

　　　　　　　　　　　　　　　　　　　　　　　　　　　　©くもん出版

正多角形をかこう③

1 フローチャートを使って、カメのロボットに命令します。カメのロボットは、前を向いている方に進み、通った道に線をかき、はじめの向きにもどります。

通った線でできた図形で、「1辺が2cmの正八角形をかく」フローチャートを、次のようにかきました。

[1問 15点]

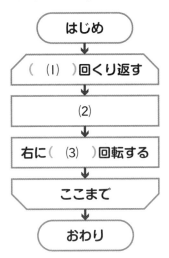

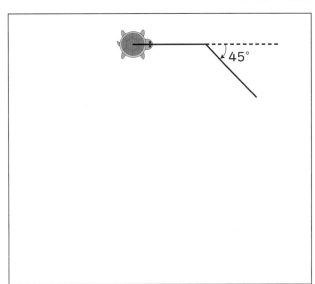

① (1)、(3)にあてはまる数字や角度を、（　）に書きましょう。

(1) （　　　　　）　　(3) （　　　　　）

② (2)にあてはまる命令を、（　）に書きましょう。

（　　　　　　　　　　　　）

③ 「1辺が2cmの正十角形をかく」とき、(3)にあてはまる角度は、正八角形のときと比べて、小さくなりますか。それとも、大きくなりますか。

（　　　　　　　　　　　　）

2 フローチャートを使って、カメのロボットに命令します。カメのロボットは、前を向いている方に進み、通った道に線をかき、はじめの向きにもどります。

通った線でできた図形で、「1辺が2cmの正多角形をかく」フローチャートを、次のようにかきました。

[1問 10点]

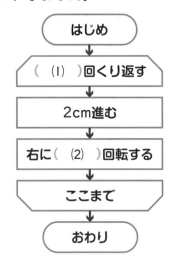

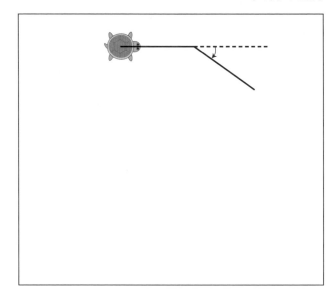

これまで学習した正三角形、正方形、正五角形、正六角形について、(1)のくり返しの回数と、(2)の回転する角度の関係を、次の表にまとめました。

	正三角形	正方形	正五角形	正六角形
くり返しの回数	3回	4回	5回	6回
角の大きさの和	180°	360°	540°	720°
1つの角の大きさ	60°	90°	108°	120°
回転する角度	120°	90°	72°	60°

1つの角の大きさと回転する角度をたすと、180°になるんだったね！

この表から、回転する角度とくり返しの回数には、

　　回転する角度×くり返しの回数＝360°

の関係があることがわかります。

① 「1辺が2cmの正十二角形をかく」とき、(1)、(2)にあてはまる数字や角度を、（　）に書きましょう。

(1) （　　　　　） (2) （　　　　　）

② 「1辺が2cmの正百角形をかく」とき、(1)、(2)にあてはまる数字や角度を、（　）に書きましょう。

(1) （　　　　　） (2) （　　　　　）

　　　　　　　　　　　　　　　　　　　　　　　　©くもん出版

月　日　　時　分〜　時　分

名前

点

1 フローチャートを使って、カメのロボットに命令します。カメのロボットは、前を向いている方に進み、通った道に線をかき、はじめの向きにもどります。

通った線でできた図形で、「円に近い図形をかく」ために、まずは「１辺が2cmの正百角形をかく」フローチャートを、次のようにかきました。

[1問 20点]

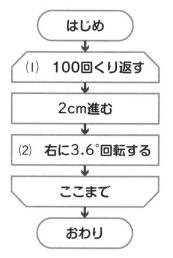

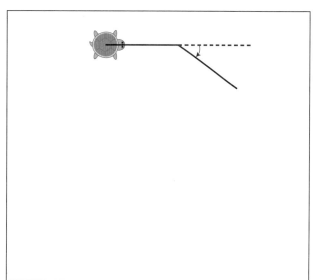

「１辺が2cmの正百角形をかく」フローチャートを利用して、正百角形よりさらに「円に近い図形をかく」フローチャートを考えます。

① (2)の回転する角度は、正百角形のときと比べて、小さくなりますか。それとも、大きくなりますか。(　　)に書きましょう。

（　　　　　　　　　　　　　）

② ①のとき、(1)のくり返しの回数は、正百角形のときと比べて、少なくなりますか。それとも、多くなりますか。

（　　　　　　　　　　　　　）

2 フローチャートを使って、カメのロボットに命令します。カメのロボットは、前を向いている方に進み、通った道に線をかき、はじめの向きにもどります。

通った線でできた図形で、「円に近い図形をかく」フローチャートを、次のようにかきました。命令を実行したところ、右の図のように、一周回らないで止まってしまいました。

[1問 20点]

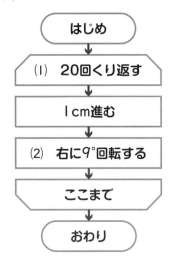

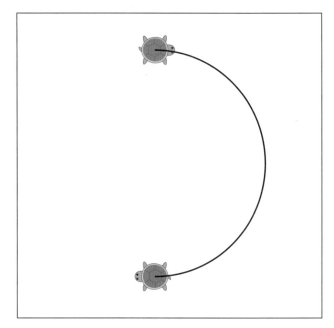

①　くり返しの回数を増やすと、「円に近い図形をかく」ことができそうですが、一周回る命令にするためには、角度は何度でもいいわけではないようです。図形をかくときに 360° 回ることを考えると、「くり返しの回数」と「右に回転する角度」の関係はどうなりますか。次の⑦、⑦から一つ選び、（　　　）に記号を書きましょう。

⑦　「くり返し回数」と「右に回転する角度」をかけると 360 になる。

⑦　「くり返し回数」と「右に回転する角度」をたすと 360 になる。

（　　　）

②　(1)のくり返しの回数は変えずに、(2)の回転する角度を変えて、一周回る命令にします。正しい回転する角度を、（　　　）に書きましょう。

（　　　）

③　(2)の回転する角度は変えずに、(1)のくり返しの回数を変えて、一周回る命令にします。正しいくり返しの回数を、（　　　）に書きましょう。

（　　　）

月　日　　時　分〜　時　分

名前

点

1 コンピュータを使って、人が近づいたときにだけ明かりがつくようなしくみを考えます。あおいさんは、このプログラムを、下のようなフローチャートにまとめました。次の問題に答えましょう。

[1問 20点]

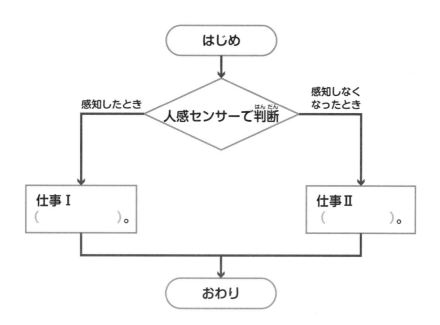

① 人感センサーは何を判断していますか。

(　　　　　　　　　　　　　　　　　　　　　　　　　　　　　　　　　)

② 仕事Ⅰにあてはまることばを(　　)に書きましょう。

(　　　　　　　　　　　　　　　　　　　　　　　　　　　　　　　　　)

③ 仕事Ⅱにあてはまることばを(　　)に書きましょう。

(　　　　　　　　　　　　　　　　　　　　　　　　　　　　　　　　　)

© くもん出版

2 あおいさんは自分でまとめたフローチャートでは、一度、人感センサーで判断したら、終わってしまうことに気づきました。このプログラムにくり返しの命令を入れます。

くり返しはじめ と くり返しおわり の命令は、それぞれどこに入れればよいですか。右のフローチャートの㋐～㋓から選び、記号で答えましょう。 [1問 10点]

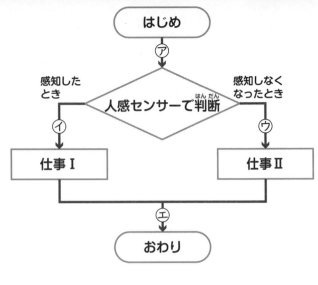

はじめ
㋐
感知したとき　人感センサーで判断　感知しなくなったとき
㋑　㋒
仕事Ⅰ　仕事Ⅱ
㋓
おわり

くり返しはじめ を入れる場所（　　　　）　くり返しおわり を入れる場所（　　　　）

3 次に、明るさセンサーを使って、暗いときには明かりがつき、明るいときには明かりが消えるようなしくみを考えます。このプログラムを、くり返しはじめ と くり返しおわり の命令を使って、フローチャートで表しましょう。 [20点]

▶24 から、実際にIchigoJam web を使って、LED が光るプログラムを作るよ。

月 日　時 分〜 時 分　名前　　点

1 かんたんな「おみくじ」のプログラムを作ります。おみくじには、「大吉・中吉・小吉・凶」の 4 つの運勢があり、4 つの運勢のそれぞれに 0 から 3 までの数字をつけ、出た数字で、運勢を判断します。また、数字が出たあとに、ローマ字で書かれた 4 つの運勢のリストを表示するようにします。

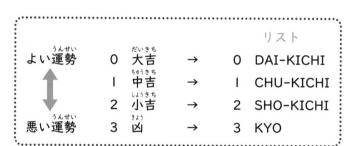

0 が出たら「大吉」だね。

この 0 から 3 までの数字の中から 1 つの数字をランダムに画面に表示させるプログラムを、フローチャートにまとめました。(　　)にあてはまる数を書きましょう。

[1問 10点]

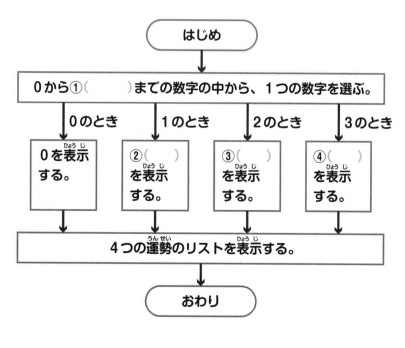

① (　　　)　② (　　　)　③ (　　　)　④ (　　　)

© くもん出版

2 **1** と同じ「おみくじ」のプログラムで、運勢を 4 つから、「大吉・吉・中吉・小吉・末吉・凶」の 6 つに増やして、6 つの運勢のそれぞれに、0 から 5 までの数字をつけます。

この 0 から 5 までの数字の中から 1 つの数字をランダムに画面に表示させるプログラムを、フローチャートにまとめました。（　　　）にあてはまる命令を書きましょう。

[1問 20点]

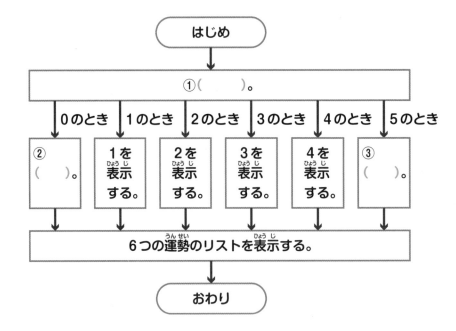

① （　　　　　　　　　　　　　　　　　　　　　　　　　　）

② （　　　　　　　　　　　　　　　　　　　　　　　　　　）

③ （　　　　　　　　　　　　　　　　　　　　　　　　　　）

17 変数①

1 数を入れられる X という箱と Y という箱の 2 つの箱があります。

箱は、次のように、数字の代わりに計算に使うことができます。

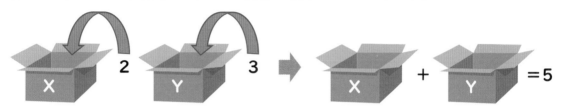

　箱 X と箱 Y に、次の①、②の数が入っているとき、それぞれの計算結果を、（　　　）に書きましょう。

[1問 9点]

①

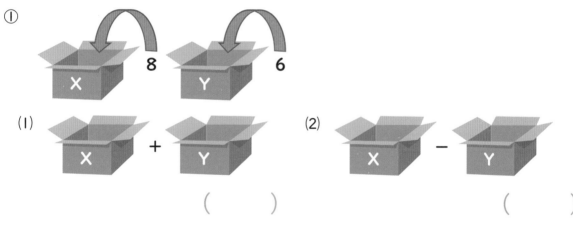

(1) X ＋ Y

（　　　）

(2) X － Y

（　　　）

②

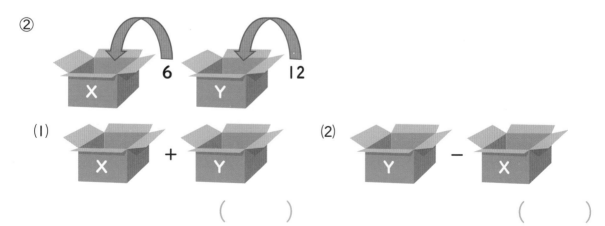

(1) X ＋ Y

（　　　）

(2) Y － X

（　　　）

©くもん出版

2 数を入れられる X という箱と Y という箱の 2 つの箱があります。

箱は、数字の代わりに計算に使うことができます。箱 X と箱 Y に、次の①、②の数が入っているとき、それぞれの計算結果を、（　　）に書きましょう。　　[1問 8点]

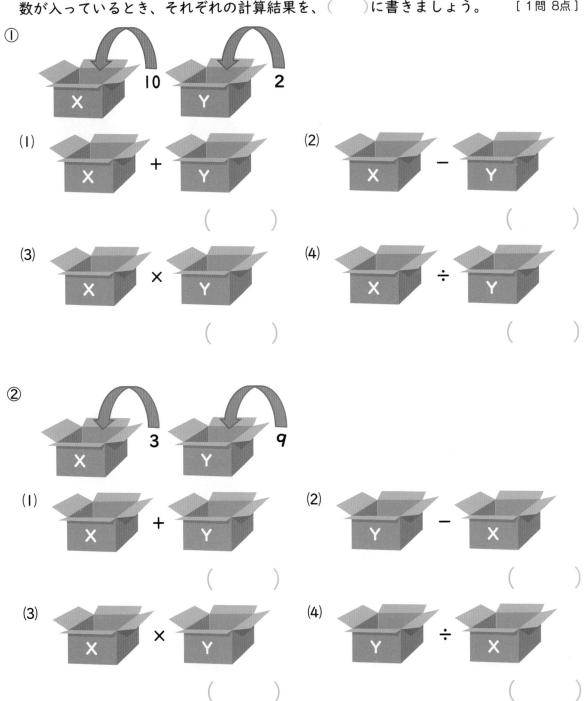

① 10 2

(1) X ＋ Y （　　）

(2) X － Y （　　）

(3) X × Y （　　）

(4) X ÷ Y （　　）

② 3 9

(1) X ＋ Y （　　）

(2) Y － X （　　）

(3) X × Y （　　）

(4) Y ÷ X （　　）

18　変数②

1 あおいさんは、次のように、兄とカードを分けます。

> あおい＝6
> 兄＝あおい＋1
>
> このとき、兄のカードのまい数は、「7」になります。

　弟も入れて、次のように、3人でカードを分けます。それぞれのカードのまい数は、いくつになりますか。　　　　　　　　　　　　　　　　　　　　　[1問 10点]

> あおい＝4
> 兄＝あおい＋2
> 弟＝あおい−1

　　① 兄 （　　　　　）

　　② 弟 （　　　　　）

2 ひなたさんは、次のように、3人でカードを分けます。それぞれのカードのまい数は、いくつになりますか。　　　　　　　　　　　　　　　　　　[1問 10点]

> ひなた＝5
> さき＝ひなた
> ゆい＝ひなた＋さき

　　① さき （　　　　　）

　　② ゆい （　　　　　）

3 みつきさんは、部屋のかざりつけのために、かざりを折り紙で作ることにしました。右の図のようなかざりの部品は、輪になるように、折り紙をのりではって作ります。

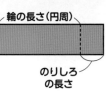

輪にして1個の部品を作る。

輪の長さ（円周）

のりしろの長さ

輪の長さ（円周）が6のとき、

長さ＝6
のりしろの長さ＝1
長さ＝長さ＋のりしろの長さ

長さは、「7」になります。

「＝」は、算数では「等しい」という意味だけど、プログラミングでは、「変数（＝の前の左辺）に、＝のあとの数（右辺）を覚えさせる」になるんだ。ここでの変数は、長さだよ。

次のようなとき、それぞれ長さはいくつになりますか。　　　［1問 20点］

①
長さ＝9
のりしろの長さ＝1
長さ＝長さ＋のりしろの長さ

（　　　　）

②
長さ＝10
のりしろの長さ＝1
長さ＝長さ＋のりしろの長さ

（　　　　）

③
長さ＝12
のりしろの長さ＝1
長さ＝長さ＋のりしろの長さ

（　　　　）

月　日　　時　分〜　時　分

名前

点

1　まひるさんは、ロボットに命令して、カレーの材料を用意させます。1人分の材料は、次のようになります。

【1人分の材料】

玉ねぎ　　　（66×人数）g

にんじん　　（玉ねぎ÷2）g

じゃがいも　（にんじん＋7×人数）g

例

まひるさんが、次のように、ロボットに命令すると、

人数＝1

ロボットは、玉ねぎ 66g、にんじん 66÷2＝33（g）、じゃがいも 33＋7×1＝40（g）　を用意します。

まひるさんは、次のように、ロボットに命令しました。

人数＝3

用意された材料を、次の⑦〜④から一つ選び、（　　）に記号を書きましょう。

[25点]

⑦　玉ねぎ　202g、にんじん　101g、じゃがいも　122g

④　玉ねぎ　200g、にんじん　100g、じゃがいも　121g

⑦　玉ねぎ　198g、にんじん　99g、じゃがいも　120g

④　玉ねぎ　196g、にんじん　98g、じゃがいも　119g

（　　　）

©くもん出版

まひるさんは、ロボットに命令して、①〜③の人数分のカレーの材料を用意させます。
まひるさんは、次のように、ロボットに命令しました。

持ってくるかご
玉ねぎ＞{(66×人数)g}
にんじん＞{(玉ねぎ÷2)g}
じゃがいも＞{(にんじん＋7×人数)g}

「＞」は大小を表す不等号だったね！

ロボットは必要な材料が入ったかごを持ってきます。どのかごを持ってきますか。
次の⑦〜⑰から一つ選び、（　　）に記号を書きましょう。 ［1問 25点］

① 人数＝3

⑦

100g 200g 130g

⑦
100g 200g 120g

⑰
90g 210g 130g

（　　）

② 人数＝4

⑦
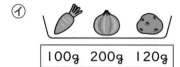
130g 280g 180g

⑦
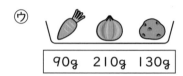
140g 275g 160g

⑰
150g 270g 170g

（　　）

③ 人数＝5

⑦
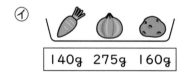
170g 330g 210g

⑦
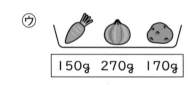
170g 340g 210g

⑰
165g 335g 215g

（　　）

月　日　　時　分〜　時　分

名前

点

1 計算ロボットに、右のような計算をさせるための命令を作ります。

[1問 10点]

命令：正方形の面積（ x ）
過程： $x \times x$
結果： y
※正方形の 1 辺の長さを x 、面積を y とする。

例

正方形の面積（ 4 ） と命令を実行すると、結果として「16」がロボットに表示される。

正方形の面積（ 4 ）　→　4×4　→　16

命令　　　　過程　　　　結果

① 正方形の面積（ 6 ） の命令を実行すると、結果としてロボットには何が表示されますか。

（　　　　　　　）

② 正方形の面積（ 9 ） の命令を実行すると、結果としてロボットには何が表示されますか。

（　　　　　　　）

2 計算ロボットに、右のような計算をさせるための命令を作ります。和(5, 6) の命令を実行すると、結果としてロボットには何が表示されますか。

[20点]

命令：和(a , b)
過程： $a + b$
結果： c

（　　　　　　　）

3 計算ロボットに、下のような計算をさせるための命令を作ります。

[1問 15点]

> 命令：直方体の体積(<ruby>x<rt>エックス</rt></ruby>, <ruby>y<rt>ワイ</rt></ruby>, <ruby>z<rt>ゼット</rt></ruby>)
> <ruby>過程<rt>かてい</rt></ruby>：<ruby>x<rt>エックス</rt></ruby>×<ruby>y<rt>ワイ</rt></ruby>×<ruby>z<rt>ゼット</rt></ruby>
> 結果：<ruby>w<rt>ダブリュー</rt></ruby>
> ※直方体のたての長さを <ruby>x<rt>エックス</rt></ruby>、 ? を <ruby>y<rt>ワイ</rt></ruby>、高さを <ruby>z<rt>ゼット</rt></ruby>、体積を <ruby>w<rt>ダブリュー</rt></ruby> とする。

① 計算ロボットが正しく計算するには、 ? には何を入れますか。

（　　　　　　）

② 直方体の体積(3, 5, 2) の命令を実行すると、結果としてロボットには何が表示されますか。

（　　　　　　）

4 計算ロボットに、右のような計算をさせるための命令を作ります。次の①、②のように命令を実行し、結果として数字がロボットに表示されたとき、 ? にどの数を入れましたか。下の⑦～⑨から一つずつ選び、それぞれ（　　）に記号を書きましょう。 [1問 15点]

> 命令：差(<ruby>a<rt>エー</rt></ruby>, <ruby>b<rt>ビー</rt></ruby>)
> <ruby>過程<rt>かてい</rt></ruby>：<ruby>a<rt>エー</rt></ruby>＞<ruby>b<rt>ビー</rt></ruby> の場合は <ruby>a<rt>エー</rt></ruby>－<ruby>b<rt>ビー</rt></ruby>
> 　　　　<ruby>a<rt>エー</rt></ruby>＜<ruby>b<rt>ビー</rt></ruby> の場合は <ruby>b<rt>ビー</rt></ruby>－<ruby>a<rt>エー</rt></ruby>
> 結果：<ruby>c<rt>シー</rt></ruby>

① 差(2, ?) 表示「4」

⑦ 6　　⑦ 5　　⑦ 4　　⑨ 3

（　　　　　　）

② 差(?, 5) 表示「7」

⑦ 15　　⑦ 14　　⑦ 13　　⑨ 12

（　　　　　　）

1　フローチャートを使って、ロボットに命令します。ロボットは、命令の順に、下から
積み木を積んでいきます。<例>のように積み木を積みたいとき、フローチャートに
はどのような命令が入りますか。(1)～(3)にあてはまるものを、右の㋐～㋔から一つず
つ選び、（　　）に記号を書きましょう。　　　　　　　　　　　　　[1問 10点]

<例>

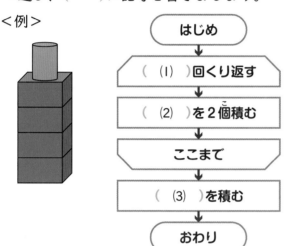

㋐

㋑　2

㋒　4

㋓

(1)　（　　　　）

(2)　（　　　　）

(3)　（　　　　）

2　カメのロボットが、1マスずつ前に進みます。マスに図形がかかれていたら、次のルー
ルで進みます。カメのロボットはどのマスに進みますか。マスの中の㋐～㋔から一つ
選び、（　　）に記号を書きましょう。　　　　　　　　　　　　　　　[10点]

ルール

・四角形または青色の図形がかかれていたら、右を向いて2マス進む。
・三角形でしかも赤色の図形がかかれていたら、左を向いて3マス進む。
・上の二つにあてはまらなければ、1マス進む。

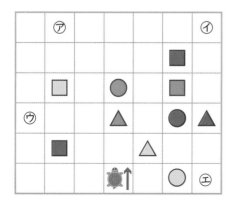

（　　　　）

3 フローチャートを使って、ロボットに命令します。ロボット
は、前を向いている方に進み、通った道に線をかきます。
右のフローチャートを使うと、ロボットが通った線が、
正多角形になりました。　　　　　　　　[（　）1つ 10点]

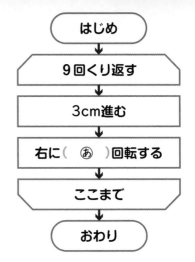

① 　あにあてはまる角度を、（　　　）に書きましょう。

（　　　　　　　）

② 　ロボットが通った線でできた図形は、どのような図形ですか。（　　）にあてはまる
言葉や数字を書きましょう。

　　　できた図形の形は（　　　　　　　　　　　）で、できた図形の一辺の長さは

　　　（　　　　　）cm です。

③ 　変数を使って、上のフローチャートを、右のように書き
変えたとき、ロボットが通った線でできた図形が、1辺が
4cm の正十二角形になりました。

　　(1)～(3)にあてはまるものを、次の⑦、⑦から一つずつ選
んで、それぞれ（　　）に記号を書きましょう。同じ記号を
くり返し使ってもかまいません。

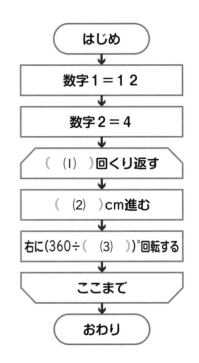

⑦　数字1　　　⑦　数字2

(1)　（　　　　　）

(2)　（　　　　　）

(3)　（　　　　　）

　　　　　　　　　　　　　　　　　　　　　　　　© くもん出版

パソコンを使います。

次の手順にしたがって、IchigoJam web でプログラムを入力する準備をしましょう。

1 インターネットに接続したパソコンの、インターネットブラウザで、次の URL を入力するか、けんさくエンジンで「IchigoJam web」とけんさくして、IchigoJam web のホームページを開きましょう。正しく開けたら、（　　）に〇を書きましょう。〔50点〕

（　　）

URL https://fukuno.jig.jp/app/IchigoJam/

| IchigoJam web 🔍 |

【使用できるブラウザ】

Google Chrome／Apple Safari ／ Microsoft Edge ／Mozilla Firefox

※ Internet Explorer では使用できません。ブラウザのバージョンや状態によって、正しく動かない場合があります。

IchigoJam web

```
IchigoJam BASIC 1.4.4web jig.jp
OK
```

| KEY | ESC | EXPORT | IMPORT | FULL | I/O | AUDIO ON |

左の黒い入力画面が
あるページを開けたら、
準備はバッチリだよ！

2 IchigoJam web の入力画面とボタンを確認し、文字を入力する練習をしましょう。

正しく入力できたら、（　　）に〇を書きましょう。　　　　　　［1問 25点］

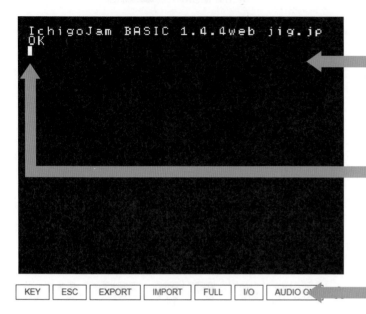

【入力画面】この画面をクリックして、プログラムを入力します。「OK」と出ていれば、プログラムを入力する準備ができています。IchigoJam web でのローマ字入力は、大文字で入力されます。

【カーソル】四角い点めつはカーソルで、カーソルを動かすには、カーソルキーを使います。カーソルキーとは、キーボードの右下にある、カーソルを上下左右に動かす4つのキーです。巻末のボードも確認しよう。

【AUDIO ボタン】音を出すプログラムを動かすときに使います。クリックして音が出るようにすると、「AUDIO OFF」に切りかわります。

① キーボードで、「APPLE」という文字を画面に入力しましょう。　　　　（　　）

```
IchigoJam BASIC
OK
APPLE█
```

| A ち | P せ | P せ | L り | E い |

② キーボードで、次の数字を画面に入力しましょう。　　　　　　　　　（　　）

まずは、①で入力した「APPLE」を、「Back space」キーで消そう。
「Back space」キーは、キーボードの右上の方にあるキーで、
「Back space」キーをおすと、点めつしているカーソルの前の文字
が消えるよ。

```
IchigoJam BASIC
OK
1234567890█
```

| ! 1 ぬ | " 2 ふ | # あ 3 あ | $ う 4 う | % え 5 え |
| & お 6 お | ' や 7 や | (ゆ 8 ゆ |) よ 9 よ | を 0 わ |

月　日　　時　分〜　時　分

名前

点

🖥 パソコンを使います。

1 IchigoJam web で、文字を入力する練習をしましょう。正しく入力できたら、（　　）
に〇を書きましょう。

① キーボードで「AIUEO」という文字を画面に入力しましょう。　　　　　[10点]

（　　）

② ①のあとに「Enter」キー ↵ をおすと、1つ下の行に「Syntax error」と出ます。
これは、「IchigoJam が覚えている命令ではない」という意味です。
次の行に「CLS」と入力し、「Enter」キーをおして、画面をきれいにしましょう。

[10点]

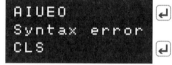

（　　）

「Enter」は「入る」という意味の英語で、「Enter」キーをおすと、プロ
グラムがコンピュータに読みこまれるんだ。プログラムを実行したいとき
や修正したあとは、「Enter」キーをおすのを忘れないようにしよう。
「CLS」は「Clear the screen（画面をそうじして）」という意味の命
令で、画面にあるものをすべて消してくれるよ。

③ 文字と文字の間を空けるときは、
「Space」キーをおします。右の言葉
を画面に入力しましょう。　　[20点]

（　　）

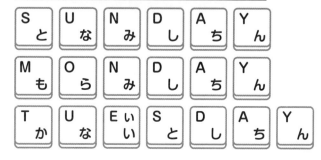

©くもん出版

IchigoJam が覚えている命令以外の言葉を入力したり、入力したプログラムにまちがいがあったりすると、プログラムが動かなかったり、エラーが出たりします。

最もよくあるエラーが、表面の②にもあった「Syntax error(文法エラー)」です。

「Syntax error」は、IchigoJam が理解できない命令を実行させようとしたり、命令が1文字でもまちがっていたりする場合に出てきます。

他には、「Break(中断)」など、12種類のエラーがあります。

エラーが出ても、まちがっているところを見つけて直せば、正しく動かすことができます。

2 次の問題に答えましょう。　　　　　　　　　　　　　　　　　　　[1問 20点]

① キーボードには、1つのキーの中に、上下に2つの文字や記号があるものがあります。キーの上に書かれた文字や記号を入力したいときは、「Shift」キーをおしながら入力します。次の記号を画面に入力し、正しく入力できたら、（　　　）に〇を書きましょう。

（　　　）

```
! " $ % * ( ) = ?
```

⇧ Shift

!	"	$ う	% え	*	(ゆ	) よ	=	? ・
1 ぬ	2 ふ	4 う	5 え	: け	8 ゆ	9 よ	ー ほ	／ め

② 形のにている文字に気をつけて、次の文字を画面に入力し、正しく入力できたら、（　　　）に〇を書きましょう。

（　　　）

```
OK
I1PORQ0Z2S8:;/\()<>
```

IchigoJam web では、アルファベットのО（オー）は **O**、数字の0（ゼロ）は **0** だよ。

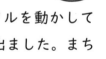

③ ②で入力した文字を、画面からすべて消すために、次の行にカーソルを動かして「CSL」と入力し、「Enter」キーをおしたところ、「Syntax error」が出ました。まちがっているところを直して、正しくプログラムが動くようにしましょう。

```
I1PORQ0Z2S8:;/\()<>
CSL
Syntax error                    ↵
```

「Clear the screen(画面をそうじして)」は、どんなローマ字を入力すればよかったかな？

「CSL」を（　　　　　　　　）にする。

© くもん出版

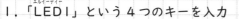

パソコンを使います。

１.「LED1」という４つのキーを入力

　→画面に LED1 と出たら、「Enter」キーをおす。

　→ OK と出ると、画面に赤いふちどりが出る。

「LED1」は「LED をつける」という命令です。

IchigoJam web では、LED が光るかわりに、

画面に赤いふちどりが出ます。

２.「LED0」という４つのキーを入力

　→画面に LED0 と出たら、「Enter」キーをおす。

　→ OK と出ると、画面の赤いふちどりが消える。

数字の１がスイッチのオンで、数字の０がスイッチのオフのはたらきをして

います。

この LED という３つの文字が、IchigoJam の LED をあやつるコマンドです。コマンドは英

語で COMMAND、命令するという意味があります。

> これから、いろんなコマンドが出てくるよ。
> ボードのうらに、「コマンド一覧表」があるから、確認しながら
> 入力してね。

---

1 次の文字列を入力して、「Enter」キーをおしたとき、画面に赤いふちどりが出るのは
どちらですか。（　　）に〇をつけましょう。 [5点]

（　　） LED0

（　　） LED1

---

2 次の問題に答えましょう。正しく実行できたら、（　　）に〇を書きましょう。

[1問 15点]

① 画面に赤いふちどりを出しましょう。 （　　）

② ①で出した赤いふちどりを消しましょう。 （　　）

◆ WAIT

指定した時間、そのまま待たせる。WAIT60 は、そのまま1秒待てという指示。
英語で「待つ」という意味。

WAIT を使うと、画面の赤いふちどりが出る時間を変えることができます。

例えば、画面の赤いふちどりを1秒だけ光らせるには、

> 画面に赤いふちどりが出るコマンド「LED1」
> ＋
> そのまま1秒待たせるコマンド「WAIT60」
> ＋
> 画面の赤いふちどりが消えるコマンド「LED0」

```
* け
: 
```

が必要です。コマンドをつなげるには、記号の「：」（コロン）を使います。

右のように入力して、「Enter」キーをおしてプログラムを
実行してみましょう。画面の赤いふちどりが1秒だけ光っ

```
LED1:WAIT60:LED0 ↵
```

て消えます。WAIT の数を変えると、光る時間を変えることができます。

キーボードの「↑（上）」と「→（右）」のカーソルキーをおして、カーソルを WAIT の数字のあとの「：」
まで動かします。そして、「Back space」キーをおし 60 を消して、1200 を入力して「Enter」キー
をおしてみましょう。赤いふちどりは何秒出ていましたか？

```
LED1:WAIT1200:LED0 ↵
```

IchigoJam の1秒は 60 です。入力した数字を 60 でわっ

てみると、何秒待つ指示を出したのかが分かります。1200 なら、1200÷60＝20 で 20 秒間、
赤いふちどりが出たままになります。

---

3 次の秒数だけ「待て」をさせたいとき、WAIT につける数を（　　）に書きましょう。

[1問 10点]

① 0.5 秒→ WAIT（　　　　　）　　② 1秒→ WAIT（　　　　　）

③ 2秒→ WAIT（　　　　　）　　④ 3秒→ WAIT（　　　　　）

⑤ 10 秒→ WAIT（　　　　　）

---

4 画面の赤いふちどりを5秒だけ光らせましょう。正しく実行できたら、（　　）に〇を
書きましょう。

[15点]

（　　　）

 パソコンを使います。

▶コマンドの確認

◆ RUN
プログラムを実行する。行番号をつけたプログラムを実行させる。
英語で「走る」という意味。

長いプログラムは、1行ごとに「Enter」キーをおして実行するのではなく、何行かをまとめて実行させることができます。

右のように、プログラムの先頭に行番号をつけて、画面に赤いふちどりが出るプログラムを作ります。1行入力したら「Enter」キー ↵ をおして、次の行に進みます。

```
10  LED1:WAIT60   ↵
20  LED0:WAIT60   ↵
30  LED1:WAIT120  ↵
40  LED0         ↵
```

RUNと入力して、「Enter」キーをおして実行してみましょう。10行で1秒光って、20行で1秒消えて、30行で2秒光って、40行で消えるプログラムです。

> 行番号は10行、20行、30行…とつけていくよ。そうすることで、あとから10行と20行の間にプログラム（例えば15行）をつけ加えることができるね。また、行番号をつけると、プログラムの順番が分かりやすくなるよ。

---

1 画面に赤いふちどりが1秒出る下のプログラムは、行番号をつけて3行にすることもできます。次の問題に答えましょう。　　　　　　　　[1問 20点]

```
LED1:WAIT60:LED0
```

① 右の図の（　　）にあてはまる命令を書きましょう。

（　　　　　　　　　　　　）

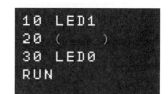

```
10  LED1
20  (      )
30  LED0
RUN
```

② ①のプログラムを RUN で実行してみましょう。正しく実行できたら、（　　）に○を書きましょう。

（　　　）

◆ GOTO

くり返しの指示。指定した行までプログラムを進めたり、もどしたりする。

「GOTO10」のように、GOTO の後ろに行番号をつけて使う。

英語で「〜へ行く」という意味。

GOTO を使って、自動で光ったり消えたりをくり返すプログラムを作ります。

右の 10 行と 20 行のプログラムをくり返すために、30 行に
GOTO のコマンドを入力します。

行番号 10 のプログラムにもどすために、GOTO の後ろに

10 を入力します。RUN で実行してみましょう。2秒ごとに

赤いふちどりが出たり消えたりをくり返すプログラムになりました。

実行しているプログラムをとちゅうで止めるときには、「ESC」キーをおします。

「ESC」キーをおすと、右のように光ったり消えたりが止まります。

```
10 LED 1:WAIT 120 ↵
20 LED 0:WAIT 120 ↵
30 GOTO 10        ↵
RUN               ↵
```

ESC

> コマンドの後ろにスペースを入力すると、見やすくなるけど、スペースがあってもなくても、プログラムの意味は同じだよ。スペースを入れるプログラミング言語が多いので、入れることに慣れておこう!

```
OK
10 LED 1:WAIT 120
20 LED 0:WAIT 120
30 GOTO 10
RUN
Break in 20
20 LED 0:WAIT 120
```

2 次のプログラムは、50 行の GOTO で何行にもどるかを答えましょう。　[1問 20点]

①
```
10 LED 1:WAIT 60
20 LED 0:WAIT 60
30 LED 1:WAIT 120
40 LED 0:WAIT 60
50 GOTO 10
```
（　　　　　　）

②
```
10 LED 1:WAIT 60
20 LED 0:WAIT 60
30 LED 1:WAIT 120
40 LED 0:WAIT 60
50 GOTO 30
```
（　　　　　　）

3 1秒ごとに赤いふちどりが出たり消えたりをくり返すプログラムを作りましょう。正しく実行できたら、（　　　）に○を書きましょう。

[20点]

（　　　　　　）

月 日　　時 分〜 時 分

名前

点

 パソコンを使います。

LED、WAIT、GOTO を使って、いろいろなテンポでくり返し光るイルミネーションを作ってみましょう。

右のように入力して、RUN で実行してみましょう。10行で1秒光って、20行で1秒消えて、30行で2秒光って、40行で1秒消えるプログラムです。50行のGOTO で10行にもどって、10行→20行→30行→40行→50行→10行とくり返します。
「ESC」キーをおすと、プログラムが止まります。

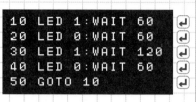

WAIT のあとの数字を変えてくり返したら、イルミネーションのように、いろいろなテンポで光りそうだね。

1 赤いふちどりが「1秒出て1秒消える、2秒出て2秒消える」をくり返すプログラムを作ります。次の問題に答えましょう。
　　　　　　　　　　　　　　　　　　　　　　　　　　　　　　　[1問 10点]

```
10 LED 1:WAIT 60
20 LED 0:WAIT 60
30 LED 1:(        )
40 LED 0:WAIT 120
50 GOTO 10
```

① 右の図の（　　）にあてはまる命令を書きましょう。

（　　　　　　　　　　　　　　　）

② ①のプログラムを RUN で実行してみましょう。
正しく実行できたら、（　　）に○を書きましょう。

（　　　）

③ ①のプログラムを、50行の GOTO で30行にもどして、RUN で実行してみましょう。正しく実行できたら、（　　）に○を書きましょう。

（　　　）

④ ③のプログラムは、どのような点めつになりますか。次の（　　）にあてはまる数字を書き入れましょう。

10行にもどらなくなるので、（　　　　　　）秒光って（　　　　　　）秒消えるだけがくり返されます。

これから、LED、WAIT、GOTO を使って、いろいろ試してみるよ。
プログラムを改造したら、必ず「Enter」キーをおそう。「Enter」キー
をおさないと、IchigoJam には、伝わらないよ。

2 次の問題に答えましょう。 [1問 5点]

① 「LED 7」と入力して、「Enter」キーをおすと、画面はどうなりますか。

（　　　　　　　　　　　　）

② 画面に赤いふちどりを 15 秒だけ光らせましょう。正しく実行できたら、（　　）に
〇を書きましょう。

（　　　　）

3 右のように、赤いふちどりが 2 秒ごとに出たり消え
たりをくり返すプログラムを作りました。次の問題
に答えましょう。 [1問 10点]

```
10 LED 1:WAIT 120
20 LED 0:WAIT 120
30 GOTO 10
```

① 10 行と 20 行の「WAIT 120」を「WAIT 10」に変えて、RUN で実行してみま
しょう。正しく実行できたら、（　　）に〇を書きましょう。

（　　　　）

② ①のプログラムでは、赤いふちどりが高速でチカチカ光ったり消えたりしています。
「ESC」キーをおして、光っているときに止められたら、（　　）に〇を書きましょう。
消えてしまっても、大じょうぶです。くり返し RUN で実行して、ゲーム感覚で、何
度もちょう戦してみましょう。

（　　　　）

③ 「WAIT 10」は何秒待つ指示になりますか。

（　　　　）

④ このプログラムを、「2秒出て2秒消える、1秒出て1秒消える」をくり返すプロ
グラムに改造しましょう。正しく実行できたら、（　　）に〇を書きましょう。

（　　　　）

⑤ 自分の好きなテンポで赤いふちどりが出たり消えたりするように、このプログラム
を改造してみましょう。正しく実行できたら、（　　）に〇を書きましょう。

（　　　　）

27 おみくじをつくろう②

🖥️ パソコンを使います。

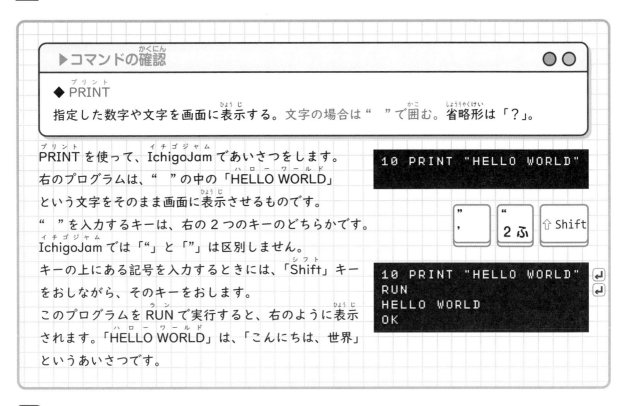

▶コマンドの確認

◆ PRINT
指定した数字や文字を画面に表示する。文字の場合は " " で囲む。省略形は「?」。

PRINTを使って、IchigoJamであいさつをします。
右のプログラムは、" " の中の「HELLO WORLD」
という文字をそのまま画面に表示させるものです。
" " を入力するキーは、右の2つのキーのどちらかです。
IchigoJamでは「"」と「"」は区別しません。
キーの上にある記号を入力するときには、「Shift」キー
をおしながら、そのキーをおします。
このプログラムをRUNで実行すると、右のように表示
されます。「HELLO WORLD」は、「こんにちは、世界」
というあいさつです。

```
10 PRINT "HELLO WORLD"
```

`,"`　`2ふ`　`⇧Shift`

```
10 PRINT "HELLO WORLD"
RUN
HELLO WORLD
OK
```

---

1 次の問題に答えましょう。　　　　　　　　　　[1問 10点]

① PRINTの省略形を書きましょう。　　　　　　　（　　　　　　）

② 右の図の " " の中に、12345と入力して、
画面に表示させてみましょう。正しく実行で
きたら、（　　）に○を書きましょう。　　　　（　　　　　　）

```
10 PRINT "HELLO WORLD"
```

③ 「PRINT」を使って、自分の好きな文字や数字、記号を画面に表示させてみましょう。
正しく実行できたら、（　　）に○を書きましょう。　　　　（　　　）

④ PRINTの省略形を使って、「HELLO WORLD」と表示させてみましょう。正しく
実行できたら、（　　）に○を書きましょう。　　　　（　　　）

▶コマンドの確認

◆ RND（数字）

（　）内に数字を入れて使う。ランダムに、0 から（　）の中の1つ前の数字を1つ返す。

英語の RANDOM「ランダム」の略で、「でたらめに」「規則性がない」という意味。

RND を使った右のプログラムを入力して、RUN で実行してみましょう。「?」は PRINT の省略形です。「?」のあとは「"　"」で囲みません。RND の後ろの（　）は、「Shift」キーをおしながら、8 と 9 のキーをおすと入力できます。

```
10 ? RND(10)
```

実行後の右の図では、RUN の下の行に、2 が出ています。

もう一度、RUN でプログラムを実行すると、実行するたびに、0 から 9 までの数字のどれかが1つずつ表示されます。

RND（10）は、0 から 9 までの 10 個の数字から、ランダム（でたらめ）に1つの数字を選んで返してきます。

```
10 ? RND(10) ↵
RUN          ↵
2
OK
```

1 から 10 ではなくて、0 から数えはじめて 10 個の数字（0 から 9 まで）ということに気をつけましょう。

> 「?」のあとは、「"　"」を使わなくても、数字だけなら表示されるよ。（　）の中の数字をいろいろ変えて、実行してみよう！

---

2 次の（　）にあてはまる数字を書きましょう。　　　　　　　　　　　　　　　　[1問 15点]

① RND（6）は、（　　　　　）から（　　　　　）までの（　　　　　　）個の数の中から、ランダムに数字を1つ返します。

② RND（15）は、（　　　　　）から（　　　　　）までの（　　　　　　）個の数の中から、ランダムに数字を1つ返します。

3 次の問題に答えましょう。　　　　　　　　　　　　　　　　　　　　　　　　[1問 15点]

① 右のプログラムのように、RND の数字を 2 にして実行すると、RND（2）が返してくる数字を予想し、すべて書きましょう。

```
10 ? RND(2)
```

（　　　　　　　　　　　）

② ①で予想したら、上のプログラムを入力して RUN で実行してみましょう。何回も実行してみて、予想した数字がすべて表示されるか確認できたら、（　　）に〇を書きましょう。

（　　）

🖥️ パソコンを使います。

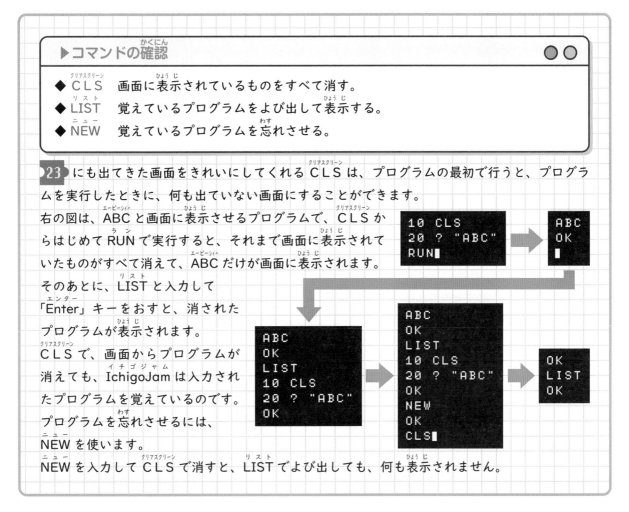

▶コマンドの確認

◆ CLS　画面に表示されているものをすべて消す。
◆ LIST　覚えているプログラムをよび出して表示する。
◆ NEW　覚えているプログラムを忘れさせる。

23 にも出てきた画面をきれいにしてくれる CLS は、プログラムの最初で行うと、プログラムを実行したときに、何も出ていない画面にすることができます。

右の図は、ABC と画面に表示させるプログラムで、CLS からはじめて RUN で実行すると、それまで画面に表示されていたものがすべて消えて、ABC だけが画面に表示されます。

そのあとに、LIST と入力して「Enter」キーをおすと、消されたプログラムが表示されます。

CLS で、画面からプログラムが消えても、IchigoJam は入力されたプログラムを覚えているのです。

プログラムを忘れさせるには、NEW を使います。

NEW を入力して CLS で消すと、LIST でよび出しても、何も表示されません。

```
10 CLS
20 ? "ABC"
RUN
```
```
ABC
OK
```
```
ABC
OK
LIST
10 CLS
20 ? "ABC"
OK
```
```
ABC
OK
LIST
10 CLS
20 ? "ABC"
OK
NEW
OK
CLS
```
```
OK
LIST
OK
```

1 右の図の " " の中を変えて、次の文字や数字だけが画面に表示されるプログラムを作りましょう。正しく実行できたら、（　　）に〇を書きましょう。　　[1問 10点]

```
10 CLS
20 ? "ABC"
```

① XYZ （　　）　　② 12345 （　　）

2 「?」を使って、自分の好きな文字や数字、記号だけを画面に表示させてみましょう。正しく実行できたら、（　　）に〇を書きましょう。　　[20点]

（　　）

16 のフローチャートで考えた「おみくじ」のプログラムを作ります。

おみくじには、「大吉・中吉・小吉・凶」の4つの運勢があり、4つの運勢のそれぞれに、0から3までの数字をつけ、出た数字で、運勢を判断します。また、数字が出たあとに、ローマ字で書かれた4つの運勢のリストを表示するようにします。

リスト

よい運勢	0	大吉	→	0	DAI-KICHI
	1	中吉	→	1	CHU-KICHI
	2	小吉	→	2	SHO-KICHI
悪い運勢	3	凶	→	3	KYO

この0から3までの数字の中から1つの数字をランダムに画面に表示させるプログラムを作ります。

10行目：プログラムを実行したら、CLSで画面の表示が消えるようにします。

20行目：RNDを使って、0から3までの4個の数字から、どれか1つがランダムに表示されるようにします。

40〜70行目：4つの運勢のリストを「?」で表示させます。

RUNで実行したら、右の図では、1と出たので、運勢は「CHU-KICHI（中吉）」です。これでおみくじができました。

```
10 CLS
20 ? RND(4)
30 WAIT 180
40 ? "0 DAI-KICHI"
50 ? "1 CHU-KICHI"
60 ? "2 SHO-KICHI"
70 ? "3 KYO"
```

```
1
0 DAI-KICHI
1 CHU-KICHI
2 SHO-KICHI
3 KYO
OK
```

3 右のおみくじのプログラムについて、このおみくじには、「大吉・中吉・小吉・凶」の4つの運勢があり、4つの運勢のそれぞれに、0から3までの数字をつけています。次の問題に答えましょう。

[1問 20点]

```
10 CLS
20 ? RND( )
30 WAIT 180
40 ? "0 DAI-KICHI"
50 ? "1 CHU-KICHI"
60 ? "2 SHO-KICHI"
70 ? "3 KYO"
```

① このプログラムを動かすために、RNDのあとの（ ）にあてはまる数字を入れて、RUNで実行してみましょう。正しく実行できたら、（ ）に○を書きましょう。

（ ）

② このプログラムを実行して0が表示されたとき、運勢は何になりますか。

（ ）

③ 「DAI−KYO」（大凶）も加えて5つの運勢になるように、このプログラムを改造しましょう。正しく実行できたら、（ ）に○を書きましょう。

（ ）

上のプログラムは、RUNで実行すると、10行目のCLSでプログラムは消えてしまうけど、LISTと入力すれば、プログラムをよび出せるよ。

©くもん出版

パソコンを使います。

IchigoJam は計算をすることもできます。IchigoJam では、足し算や引き算の記号は算数と同じですが、かけ算とわり算の記号が、算数とはちがいます。％も、算数とはちがう使い方をします。

◆足し算と引き算

「＋」と「－」を使います。「？」で、55＋49－88 の答えを画面に表示してみましょう。右のように、「？」のあとを「" "」で囲まず、「＝」もつけずに、RUN で実行すると、答えが表示されます。

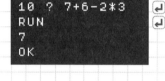

```
10 ? 55+49-88
RUN
16
OK
```

◆かけ算

かけ算の記号は、「＊」（アスタリスク）を使います。＊は、「Shift」キーをおしながら、＊マークが書かれたキーをおすと入力できます。

7＋6－2×3 を計算するために、右のように入力すると、かけ算を先に計算して、正しい答えを出してくれます。

```
10 ? 7+6-2*3
RUN
7
OK
```

IchigoJam では、計算できるはん囲が決まっていて、答えが 32767 より大きくなる、または －32768 より小さくなると、正しく表示されないよ。

1 「？」を使って、次の計算結果を画面に表示させ、出てきた答えを書きましょう。

［1問 6点］

① 326＋174－58 （　　　　　）　　② 48＋18＋9×7 （　　　　　）

③ 52－13－3×4 （　　　　　）　　④ 69＋8×6－51 （　　　　　）

2 「？」を使って、「200×200」の計算をさせようと RUN で実行しても、正しく計算できません。出てきた数字を書きましょう。

［12点］

（　　　　　）

◆わり算

わり算の記号は、「／」(スラッシュ) を使います。右のように入
力して、48÷6+100÷2 を計算してみましょう。

ただし、／を使ったわり算は、「あまり」や「小数点以下」を表
示しません。

右のように、5／3 を RUN で実行してみると、答えは 1 だけです。

「5÷3＝1 あまり 2」なので、算数での正しい答えは「1 あまり 2」または、

「1.66666…」ですが、画面には、あまりや小数点以下は表示されません。

◆あまりだけ返してくる%

「%」(パーセント) は、わり算のあまりだけを返します。算数にはあまりだ
けを出す記号はありません。右のように、5%3 を RUN で実行してみると、

「5÷3＝1 あまり 2」なので、あまりの 2 を返してきます。

```
10 ? 48/6+100/2 ↵
RUN                ↵
58
OK
```

```
10 ? 5/3 ↵
RUN       ↵
1
OK
```

```
10 ? 5%3 ↵
RUN       ↵
2
OK
```

> 算数では、%をわり算のあまりを出す記号としては使わ
> ないので、気をつけてね。でも、プログラムでは大切な
> 記号なので、使えるようにしよう！

3 「?」を使って、次の計算結果を画面に表示させ、出てきた答えを書きましょう。

[1問 6点]

① 36+48÷4 （　　　　　） ② 510−102÷7 （　　　　　）

③ 900÷3×5 （　　　　　） ④ 256+224÷16 （　　　　　）

4 「?」を使って、次のわり算のあまりを画面に表示させ、出てきた答えを書きましょう。

[1問 10点]

① 47÷21 （　　　　）

② 386÷53 （　　　　）

③ 700÷89 （　　　　）

> あまりを画面に表示させ
> るとき、どんな記号を使
> うんだったかな？

④ 2345÷42 （　　　　）

月 日　時 分～ 時 分

名前

点

 パソコンを使います。

▶**コマンドの確認**　●● ●●

◆変数＝数

変数に、「＝」のあとの数を覚えさせる。

A＝10のように使うと、A は 10 と覚える。このとき、A という名前のついた変数（箱のような入れ物をイメージするとよい）に、いろいろな数を出し入れできる。変数の名前は、文字（A ～ Z の 26 文字）を使う。

※その文字にいろいろな数を覚えさせ、変えていくので、変数といいます。

変数を使った計算をします。右のプログラムのように入力してみましょう。

10 行目：「＝」（イコール）を使って、X に 74 を覚えさせます。

20 行目：同じように、「＝」を使って、Y に 10 を覚えさせます。

それぞれの行で「Enter」キーをおせば、X と Y がそれぞれ数を覚えます。

30 行目：「？」で、X＋Y の計算結果を画面に表示させます。

「？」で文字列を表示させるときは、「" "」の中に文字列を入力しますが、変数の覚えている数を表示させるときは、27 のうら面や 29 と同じように、「" "」はいりません。

RUN で実行すると、右のように 84 という答えが返されました。

30 行目を、X と Y の引き算、かけ算、わり算の式に変えると、足し算と同じように計算できます。

また、「％」を使って、あまりを表示させると、X＝74、Y＝10 なので、74÷10＝7 あまり 4 で、4 が返ってきました。

```
10 X=74
20 Y=10
30 ? X+Y
```

```
10 X=74
20 Y=10
30 ? X+Y
RUN
84
OK
```

```
10 X=74
20 Y=10
30 ? X%Y
RUN
4
OK
```

---

1 次の問題に答えましょう。　　　　［1問 8点］

① 「＝」を使って、X に 109、Y に 20 を覚えさせたとき、次の式の答えを予想して書きましょう。

(1) X＋Y （　　　　　）　　(2) X－Y （　　　　　）

(3) X＊Y （　　　　　）　　(4) X／Y （　　　　　）

(5) X％Y （　　　　　）

② ①で予想したら、それぞれの式の結果を画面に表示させましょう。すべての式で予想した数字が表示されたら、（　　）に〇を書きましょう。　　　（　　　　）

計算式の答えを変数にすることもできます。変数を使って、答えを表示してみます。右のプログラムのように入力しましょう。

10行目：CLS で、画面の表示を消します。

20行目：「＝」を使って、X に 100 を覚えさせます。

30行目：X と同じように、Y に 30 を覚えさせます。

40行目：「＝」で、Z に X＋Y の計算結果を覚えさせます。

それぞれの行で「Enter」キーをおせば、X と Y と Z がそれぞれ数を覚えます。

50行目：「?」で Z に覚えさせた計算結果を画面に表示させます。

RUN で実行すると、右のように、計算結果が表示されます。

```
10 CLS        ↵
20 X=100      ↵
30 Y=30       ↵
40 Z=X+Y      ↵
50 ? Z        ↵
```

```
130
OK
```

> 「＝」は、算数では「等しい」だけど、プログラミングでは「変数に、＝のあとの数を覚えさせる」になるよ。算数とは考え方がちがうから気をつけてね。

---

2 次の問題に答えましょう。　　　　　　　　　　　　　　　　　　　[1問 8点]

① 右のプログラムで、40行の（　）に、次の式を入力して実行したときの答えを予想して書きましょう。

```
10 CLS
20 X=100
30 Y=30
40 Z=(   )
50 ? Z
```

(1) X－Y（　　　　　　）　　　(2) X＊Y（　　　　　　）

(3) X／Y（　　　　　　）　　　(4) X％Y（　　　　　　）

② ①で予想したら、それぞれの式の結果を表示させましょう。すべての式で予想した数字が表示されたら、（　）に○を書きましょう。　　　　　　（　　　）

> 上のプログラムは、RUN で実行すると、10行目の CLS でプログラムは消えてしまうけど、LIST と入力すれば、プログラムをよび出せるよ。

3 右のプログラムを実行したとき、「800」という計算結果が、画面に表示されました。（　）にあてはまる命令を書きましょう。　　　　　　　　　　　[12点]

（　　　　　　　　　　　）

```
10 CLS
20 (   )
30 Y=32
40 Z=X＊Y
50 ? Z
```

```
800
OK
```

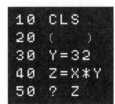

© くもん出版

31	アニメーションづくり （線香花火）①	月 日	時 分～ 時 分
		名前	点

 パソコンを使います。

▶ コマンドの確認 (かくにん)

◆ LOCATE （ロケイト）
LOCATE のあとに2つの数字を入れて、文字や数字、記号を画面のどこに表示するか指定する。
省略形 (しょうりゃくけい) は「LC」で、LOCATE は「場所を決める」という意味。

LOCATE を使った右のプログラムを、「Enter」キーをおして実行すると、画面のまん中あたりに＊（アスタリスク）が表示されます。正確 (せいかく) には、左から16、上から12進んだところです。左からの位置の数を大きくすれば、画面の右の方に、上からの位置を大きくすれば、画面の下の方に表示されます。LOCATE のあとの数字をいろいろ変えて、実行してみましょう。
IchigoJam web の画面では、左上が（0，0）で、横が0 ～ 31、たてが0 ～ 23の数字の組み合わせで位置を指定します。

```
LOCATE 16,12:? "*"
```

---

1 次の問題に答えましょう。　　　　　　　　　　　　　　　　［1問 10点］

① LOCATE の省略形を書きましょう。　　　　　　　　　（　　　　　）

② LC を使って、「左から 30、上から 20」の位置に「A」という文字を、画面に表示させてみましょう。正しく実行できたら、（　　　）に〇を書きましょう。　　　（　　　　　）

③ LC を使って、「左から 15、上から 15」の位置に「B」という文字を、画面に表示させてみましょう。正しく実行できたら、（　　　）に〇を書きましょう。　　　（　　　　　）

④ LC を使ったプログラムをつなげれば、A、B、C の 3 つの文字を、位置を決めて画面に表示できます。右のプログラムを実行し、A、B、C の 3 つの文字が表示できたら、（　　　）に〇を書きましょう。

```
10 LC 30,20:? "A"
20 LC 15,15:? "B"
30 LC 12,25:? "C"
```

（　　　　　）

LCと?を使って、指定した場所に星「＊」を表示します。下のプログラムのように入力して、RUNで実行してみましょう。

10行目：CLSで、画面の表示を消します。

20行目：左から5、上から10の位置に星「＊」を表示し、0.5秒待ちます。

30行目：左から25、上から10の位置に星「＊」を表示し、0.5秒待ちます。

40行目：左から10、上から5の位置に星「＊」を表示し、0.5秒待ちます。

50行目：左から20、上から20の位置に星「＊」を表示し、0.5秒待ちます。

60行目：10行にもどります。

「ESC」キーをおすと、右のように、プログラムが止まります。

```
10 CLS
20 LC 5,10:? "*":WAIT 30
30 LC 25,10:? "*":WAIT 30
40 LC 10,5:? "*":WAIT 30
50 LC 20,20:? "*":WAIT 30
60 GOTO 10
```

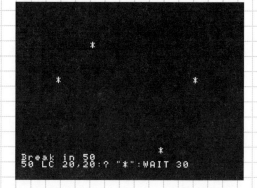

WAIT 30は、「0.5秒待つ」だったね。10行にもどると、CLSで画面の表示が消えてから、また星が表示されるので、ぴかぴかとまたたくように見えるね。

---

2 星「＊」を表示する右のプログラムについて、次の問題に答えましょう。正しく実行できたら、（　）に○を書きましょう。　　　　[1問 15点]

```
10 CLS
20 LC 5,10:? "*":WAIT 30
30 LC 25,10:? "*":WAIT 30
40 LC 10,5:? "*":WAIT 30
50 LC 20,20:? "*":WAIT 30
60 GOTO 10
```

① 星「＊」を、「@」に変えましょう。　　　　　　　　　　　　　　　（　　）

② ①のプログラムの星を、自分の好きな文字や数字、記号に変えましょう。（　　）

③ ②のプログラムの、30行の星の上からの位置を15、50行の星の左からの位置を15にしましょう。　　　　　　　　　　　　　　　　　　　　　　　（　　）

---

3 実行しているプログラムをとちゅうで止めるときにおすキーを、次の⑦〜⑨から選び、記号で答えましょう。　　　　　　　　　　　　　　　　　　　　[15点]

⑦ 「Back space」キー　　　④ 「Enter」キー　　　　　　　　（　　）

⑨ 「ESC」キー　　　　　　　⑨ 「Shift」キー

パソコンを使います。

LC と？を使って、星座（北斗七星）を画面に表示させてみましょう。

右のプログラムでは、20 行〜80 行で北斗七星の7つの星「#」を表示します。

```
10 CLS
20 LC 3,3:? "#":WAIT 10
30 LC 3,6:? "#":WAIT 10
40 LC 6,2:? "#":WAIT 10
50 LC 7,5:? "#":WAIT 10
60 LC 10,6:? "#":WAIT 10
70 LC 12,6:? "#":WAIT 10
80 LC 14,5:? "#":WAIT 10
90 GOTO 10
```

 北斗七星は画面のどのあたりに表示されるかな？
WAIT 10 にすると、**31** より速くぴかぴかまたたくように見えるね。

1 左下のプログラムを実行すると、右下のような位置に北斗七星が表示されました。次の問題に答えましょう。

[1問 30点]

```
10 CLS
20 LC 3,3:? "#":WAIT 10
30 LC 3,6:? "#":WAIT 10
40 LC 6,2:? "#":WAIT 10
50 LC 7,5:? "#":WAIT 10
60 LC 10,6:? "#":WAIT 10
70 LC 12,6:? "#":WAIT 10
80 LC 14,5:? "#":WAIT 10
90 GOTO 10
```

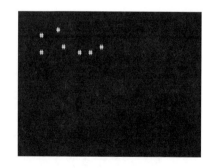

① 次の（　　）にあてはまる数字を書き入れましょう。

北斗七星の7つの星「#」は、左から3、上から3の位置と、左から3、上から（　　　　）

の位置と、左から（　　　　）、上から2の位置と、左から（　　　　）、上から5の位

置と、左から10、上から（　　　　）の位置と、左から12、上から（　　　　）の位置と、

左から（　　　　）、上から（　　　　）の位置に表示されます。

② 北斗七星が画面の右下に表示されるように、このプログラムを改造しましょう。正しく実行できたら、（　　）に〇を書きましょう。

（　　　　）

LC と RND、変数を使って、「@」のまわりにランダム
に「*」が表示される、線香花火のプログラムを作り
ます。右のプログラムのように入力してみましょう。

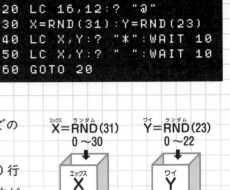

```
10 CLS
20 LC 16,12:? "@"
30 X=RND(31):Y=RND(23)
40 LC X,Y:? "*":WAIT 10
50 LC X,Y:? " ":WAIT 10
60 GOTO 20
```

10 行目：CLS で、画面の表示を消します。

20 行目：左から 16、上から 12 の位置に、@ を表示
します。

30 行目：X は 0 から 30 までの数字、Y は 0 から 22 までの
数字からランダムに選ばれます。

40 〜 50 行目：30 行のプログラムによって、40 行と 50 行
の X には 0 から 30、Y には 0 から 22 のランダムな整数が
1 つ入ります。

60 行目：20 行にもどります。

RUN で実行してみましょう。線香花火ができました。

30 で学んだように、変数は数や文字の入れ物（箱）だったね。
「=」（イコール）で変数に数字や文字を入れて（代入して）覚え
させるんだよ。

2 下のプログラムについて、次の問題に答えましょう。正しく実行できたら、（　）に
〇を書きましょう。

[1問 20点]

```
10 CLS
20 LC 16,12:? "@"
30 X=RND(31):Y=RND(23)
40 LC X,Y:? "*":WAIT 30
50 LC X,Y:? " ":WAIT 30
60 GOTO 20
```

① WAIT のあとの数字を変えて、「*」が表示されるスピードをもっと速くしましょう。

（　　）

② WAIT のあとの数字を変えて、「*」が表示されるスピードをもっとゆっくりにしま
しょう。

（　　）

33 アニメーションづくり（流れ星）①

月　　日　　時　分〜　時　分

名前

点

パソコンを使います。

▶コマンドの確認 ●●

◆ CHR

指定したコードのキャラク
ターを表示させる。
「CHR$(14)」のように、
CHR$ の後ろに、よび出し
たいキャラクターのキャラ
クターコードをつける。
英語の CHARACTER を省
略したもの。

CHR を使って、キャラクターコー
ドを指定すると、文字や数字だけ
でなく、記号や絵文字を表示で
きます。一覧表のたての数字が
十の位と百の位、横の数字が一
の位を表します。

キャラクターの一覧表→

	0	1	2	3	4	5	⑥	7	8	9
0		■	▨	▩	▦	✘	▥	✗	↵	─
10	↵	☷	○	■	□	▤	▦	▯	┃	▬
20	▬	○	◉	┃	＝	／	＼	✗	←	→
30	↑	↓		！	"	＃	＄	％	＆	´
40	（	）	＊	＋	，	－	．	／	０	１
50	２	３	４	５	６	７	８	９	：	；
60	＜	＝	＞	？	＠	Ａ	Ｂ	Ｃ	Ｄ	Ｅ
70	Ｆ	Ｇ	Ｈ	Ｉ	Ｊ	Ｋ	Ｌ	Ｍ	Ｎ	Ｏ
80	Ｐ	Ｑ	Ｒ	Ｓ	Ｔ	Ｕ	Ｖ	Ｗ	Ｘ	Ｙ
90	Ｚ	［	＼	］	＾	＿	`	ａ	ｂ	ｃ
100	ｄ	ｅ	ｆ	ｇ	ｈ	ｉ	ｊ	ｋ	ｌ	ｍ
110	ｎ	ｏ	ｐ	ｑ	ｒ	ｓ	ｔ	ｕ	ｖ	ｗ
120	ｘ	ｙ	ｚ	｛	｜	｝	～	▸	■	
130	▪	▬			▐	▛		▙	▜	▜
140	▬	▙	▬	▆		─	┃	＋	┣	┓
150	┸	▙				┗	┛	◣	◤	◢
160	¥	▪	▫	ｺ	˚	・	･	ヲ	ァ	ィ
170	ゥ	ェ	ォ	ャ	ュ	ョ	ー	─	ア	イ	ウ
180	エ	オ	カ	キ	ク	ケ	コ	サ	シ	ス
190	セ	ソ	タ	チ	ツ	テ	ト	ナ	ニ	ヌ
200	ネ	ノ	ハ	ヒ	フ	ヘ	ホ	マ	ミ	ム
210	メ	モ	ヤ	ユ	ヨ	ラ	リ	ル	レ	ロ
220	ワ	ン	゛	゜	★	↤	↥	♠	↓	♥
230	♣	♦	○	●	10	⌂	☺	♫	♪	◎
240	♨	☗	☖	｝	☷	❄	◑	▤	◢	◻	♀
250	☆	☂	［	☘	］	▨				

0は空白、32は画面と同じ色の正方形です。

---

1 右のプログラムのように、かっこの中にキャラクター
コードの 236 を入力して、「Enter」キーをおして実
行すると、ねこのキャラクターが表示されます。
次の問題に答えましょう。正しく実行できたら、（　　）に〇を書きましょう。

```
? CHR$(236)
☺
OK
```

[1問 20点]

① キャラクターコードを変えて、「ア」を表示させましょう。　　　　（　　　）

② キャラクターコードを変えて、自分の好きな文字や数字、キャラクターを表示させ
てみましょう。　　　　（　　　）

© くもん出版

「Alt」キーをおしながら、「C」をおしてみましょう。表面と同じねこのキャラクター が表示されます。また、「Alt」キーをおしながら、数字の「0」をおしてみましょう。左向きの矢印が表示されます。

 「Alt」キーをおしながら、AからZ、0から9までを、おしてみよう。いろいろな絵文字が表示されるね。

次に、RNDを使って、画面内をランダムな絵文字でうめてみます。右のプログラムのように入力しましょう。

```
10 LC RND(32),RND(22)
20 ? CHR$(RND(32)+224)
30 GOTO 10
```

10行目：IchigoJam webの画面は、横が0〜31、たてが0〜23の数字の組み合わせで位置を指定します。RND(32)は0から31までの数字から、RND(22)は0から21までの数字から、それぞれランダムに1つの数字を返してきます。

20行目：RND(32)は0から31までの数字から、ランダムに1つの数字を返してくるので、キャラクターコードは、0+224＝224から31+224＝255までのどれかになります。そのため、キャラクターコード224から255までのキャラクターを表示します。

RUNで実行すると、右のようになりました。

---

2 右のように、画面内をランダムな絵文字でうめるプログラムを作りました。次の問題に答えましょう。　　　　[1問 30点]

```
10 LC RND(32),RND(22)
20 ? CHR$(RND(32)+224)
30 GOTO 10
```

① 絵文字ではなく、ランダムな数で画面内をうめるプログラムに改造しましょう。正しく実行できたら、（　　）に○を書きましょう。

（　　　　　）

② ①のプログラムの10行目の「10　LC　RND(32)，RND(22)」を、「10　LC　RND(32)，RND(23)」に変えて実行します。しばらくすると、画面はどうなりますか。

（　　　　　　　　　　　　　　　　　　　　　　）

パソコンを使います。

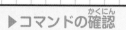

▶コマンドの確認

◆ CLV

すべての変数を0にもどす。

「変数をクリアする」という意味で、英語の CLEAR VARIABLE を省略したもの。

CLV を使って、星「＊」が流れるプログラムを作ります。下のプログラムのように入力し、RUN で実行してみましょう。

5行目：再実行した時、X＝0となって、「＊」が
(0，12)の位置から右に動き始めます。

10行目：CLS で、画面の表示を消します。

20～30行目：「＊」を右に動かすため、LC の左からの位置を変数 X にします。

```
5  CLV
10 CLS
20 LC X,12:? "*":WAIT 10
30 LC X,12:? " ":WAIT 10
40 X=X+1
50 GOTO 20
```

40～50行目：「＊」を右に動かすには、GOTO でプログラムがくり返されるたびに、X が1ずつ増えていく必要があります。40行の X＝X＋1は、変数 X に X＋1を代入するという命令です。プログラミングでは「＝」はコマンドで、「代入」として使います。
「ESC」キーをおすと、プログラムが止まります。

30 で学んだように、40行の X＝X＋1は、「20行や30行の X に1を足して、40行の X として覚え直す」という意味で、計算式ではなく、命令なんだ。

1 右のプログラムについて、次の問題に答えましょう。正しく実行できたら、
（　　）に〇を書きましょう。

［1問 20点］

```
5  CLV
10 CLS
20 LC X,12:? "*":WAIT 10
30 LC X,12:? " ":WAIT 10
40 X=X+1
50 GOTO 20
```

① WAIT のあとの数字を変えて、「＊」を速く動かしましょう。　　　　　（　　　）

② 40行の X＝X＋1の1をちがう数字に変えて、「＊」を速く動かしましょう。

（　　　）

星「*」の代わりに、UFO を右に動かすプログラムを作ります。

右のように、表面のプログラムを改造してみましょう。

20 行目：「"*"」を「CHR$(241)」にします。

RUN で実行してみましょう。UFO は右に進みます。

```
10 CLS:CLV
20 LC X,12:? CHR$(241):WAIT 5
30 LC X,12:? " ":WAIT 5
40 X=X+1
50 GOTO 20
```

次に、このプログラムを利用して、UFO を下に動かすプログラムを、右のように作ります。

20 ～ 40 行目：UFO を下に動かすためには、LC の上からの位置を変数 Y にします。

また、Y=Y+1 という命令で、Y の値を 1 ずつ増やします。

RUN で実行すると、UFO は下に進みます。

```
10 CLS:CLV
20 LC 15,Y:? CHR$(241):WAIT 5
30 LC 15,Y:? " ":WAIT 5
40 Y=Y+1
50 GOTO 20
```

> X の値が一番右（X=31）までくると、画面の右はしで止まっているように見えるね。
> また、Y の値が一番下（Y=23）までくると、画面が上へスクロールするため、⇦ が上に進んでいるように見えるね。
> これは、IchigoJam の画面の特性なんだよ。

2️⃣ 右のように、UFO が動くプログラムを作りました。次の問題に答えましょう。正しく実行できたら、（　）に〇を書きましょう。
　　　　　　　　　　　　[1問 20点]

```
10 CLS:CLV
20 LC X,12:? CHR$(241):WAIT 5
30 LC X,12:? " ":WAIT 5
40 X=X+1
50 GOTO 20
```

① 🎫33 のキャラクターの一覧表を見て、「ねこ」が動くプログラムにしましょう。

（　　　）

② ①のプログラムを、「ねこ」が下に動くによように改造しましょう。

（　　　）

③ ②のプログラムのキャラクターコードを変えて、自分の好きな文字や数字、キャラクターが下に動くプログラムにしましょう。

（　　　）

パソコンを使います。

星「*」をななめに動かしてみましょう。流れ星「*」が右上に動くように、34 のプログラムを、右のプログラムのように改造します。

LIST と入力して、プログラムをよび出してみましょう。

20 ～ 40 行目：「*」をななめに動かすために、X だけでなく Y も変数にします。

また、画面一番下の Y＝23 に「*」を表示すると、33 や 34 でもあったように、画面が上へスクロールしてしまいます。

これは、PRINT コマンドには、改行（前の行から次の行へ移動すること）する指示もふくまれているからです。このため、Y＝22 にします。

50 行目：「*」を上に動かすには、Y は 1 ずつ減っていく必要があります。

RUN で実行してみましょう。

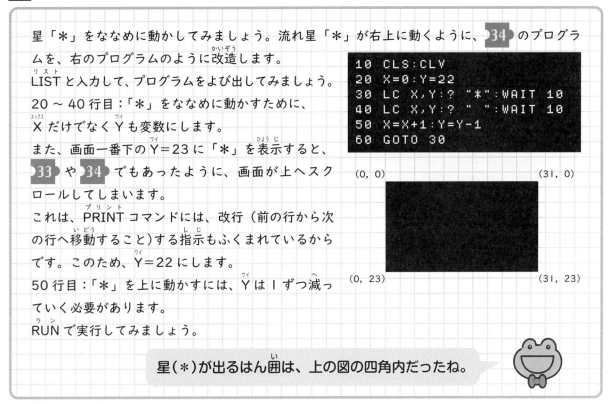

```
10 CLS:CLV
20 X=0:Y=22
30 LC X,Y:? "*":WAIT 10
40 LC X,Y:? " ":WAIT 10
50 X=X+1:Y=Y-1
60 GOTO 30
```

(0, 0)　　　　　　　　　　　　　(31, 0)

(0, 23)　　　　　　　　　　　　(31, 23)

星（*）が出るはん囲は、上の図の四角内だったね。

1 星「*」が右上に動くプログラムを作りました。次の問題に答えましょう。

[1問 20点]

```
10 CLS:CLV
20 X=0:Y=22
30 LC X,Y:? "*":WAIT 10
40 LC X,Y:? " ":WAIT 10
50 X=X+1:Y=Y-1
60 GOTO 30
```

① 次の（　　）にあてはまる言葉を書き入れましょう。

「*」を右に動かすには、X の値は 1 ずつ（　　　　　　　）なる必要があります。また、

「*」を上に動かすには、Y の値は 1 ずつ（　　　　　　　）なる必要があります。

② WAIT のあとの数字を変えて、「*」が動く速さをおそくしましょう。正しく実行できたら、（　　）に〇を書きましょう。

（　　　）

71

© くもん出版

表面のプログラムを実行すると、星「*」は一番上までくたら、見えなくなってしまいます。「*」を右上だけでなく、左上や右下、左下に動かすとどうなるか、表面のプログラムを改造して確かめてみます。

① 右上に動くプログラム

```
10 CLS:CLV
20 X=15:Y=11
30 LC X,Y:? "*":WAIT 10
40 LC X,Y:? " ":WAIT 10
50 X=X+1:Y=Y-1
60 GOTO 30
```

② 左上に動くプログラム

```
10 CLS:CLV
20 X=15:Y=11
30 LC X,Y:? "*":WAIT 10
40 LC X,Y:? " ":WAIT 10
50 X=X-1:Y=Y-1
60 GOTO 30
```

③ 右下に動くプログラム

```
10 CLS:CLV
20 X=15:Y=11
30 LC X,Y:? "*":WAIT 10
40 LC X,Y:? " ":WAIT 10
50 X=X+1:Y=Y+1
60 GOTO 30
```

④ 左下に動くプログラム

```
10 CLS:CLV
20 X=15:Y=11
30 LC X,Y:? "*":WAIT 10
40 LC X,Y:? " ":WAIT 10
50 X=X-1:Y=Y+1
60 GOTO 30
```

①と②のプログラムを実行させると、「*」が一番上(Y=0)までくると見えなくなります。③と④のプログラムを実行させると、「*」が一番下(Y=23)までくると、はしで上へスクロールします。

③
④

---

2 星「*」が流れるプログラムを作ります。左下のプログラムで、星に右下の①、②、③の動きをさせます。次の問題に答えましょう。

[1問 20点]

```
10 CLS:CLV
20 X=15:Y=11
30 LC X,Y:? "*":WAIT 10
40 LC X,Y:? " ":WAIT 10
50 X=X■1:Y=Y■1
60 GOTO 30
```

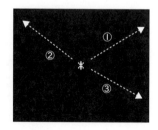

① 星「*」を①の方向に動かすためには、50行目の■と■に、それぞれ「+」と「−」のどちらを入れればよいですか。　　　　■(　　　) ■(　　　)

② 星「*」を②の方向に動かすためには、50行目の■と■に、それぞれ「+」と「−」のどちらを入れればよいですか。　　　　■(　　　) ■(　　　)

③ 星「*」を③の方向に動かすためには、50行目の■と■に、それぞれ「+」と「−」のどちらを入れればよいですか。　　　　■(　　　) ■(　　　)

36 アニメーションづくり（流れ星）④

📺 パソコンを使います。

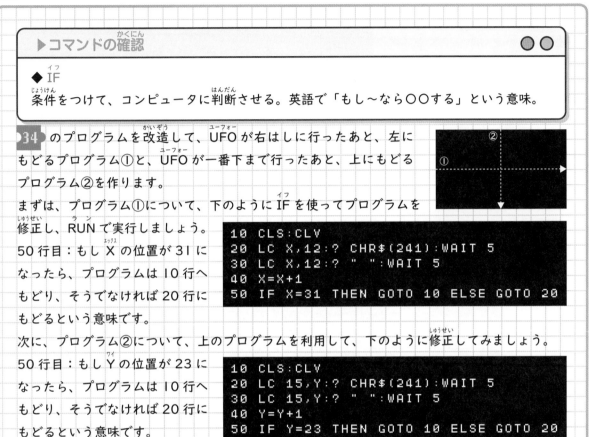

▶コマンドの確認　⚪⚪

◆ IF

条件をつけて、コンピュータに判断させる。英語で「もし〜なら〇〇する」という意味。

34 のプログラムを改造して、UFO が右はしに行ったあと、左にもどるプログラム①と、UFO が一番下まで行ったあと、上にもどるプログラム②を作ります。

まずは、プログラム①について、下のように IF を使ってプログラムを修正し、RUN で実行しましょう。

50 行目：もし X の位置が 31 になったら、プログラムは 10 行へもどり、そうでなければ 20 行にもどるという意味です。

```
10 CLS:CLV
20 LC X,12:? CHR$(241):WAIT 5
30 LC X,12:? " ":WAIT 5
40 X=X+1
50 IF X=31 THEN GOTO 10 ELSE GOTO 20
```

次に、プログラム②について、上のプログラムを利用して、下のように修正してみましょう。

50 行目：もし Y の位置が 23 になったら、プログラムは 10 行へもどり、そうでなければ 20 行にもどるという意味です。

```
10 CLS:CLV
20 LC 15,Y:? CHR$(241):WAIT 5
30 LC 15,Y:? " ":WAIT 5
40 Y=Y+1
50 IF Y=23 THEN GOTO 10 ELSE GOTO 20
```

「IF 〜 THEN △ ELSE □」は、IF の後ろが正しければ、THEN の後ろにある△を、そうでなければ ELSE の後ろにある□を実行するという意味だよ。THEN を省略して、「IF 〜 △ ELSE □」とも表示できるんだ。

1 UFO が右はしに行ったあと、左にもどるプログラムは、右のようになります。

```
10 CLS:CLV
20 LC X,12:? CHR$(241):WAIT 5
30 LC X,12:? " ":WAIT 5
40 X=X+1
50 IF X=31 THEN GOTO 10 ELSE GOTO 20
```

50 行目の THEN を省略して実行してみましょう。省略する前と同じ動きであれば、（　　）に〇を書きましょう。[20点]　（　　）

©くもん出版

表面のプログラム①とプログラム②をつなげて、UFO が右はしに行ったあと、上から一番下まで行くプログラムを作ります。

プログラム②の行番号を
60 ～に変えます。

右のプログラムの 60 行の
「CLS：CLV」（クリアスクリーン クリアバリアブル）は消して、行
番号 70 ～を 60 ～に変えて実
行してみましょう。UFO は左
から右への動き（プログラム①）
しかしません。

次の問題 2 で、修正の方法を考えてみましょう。

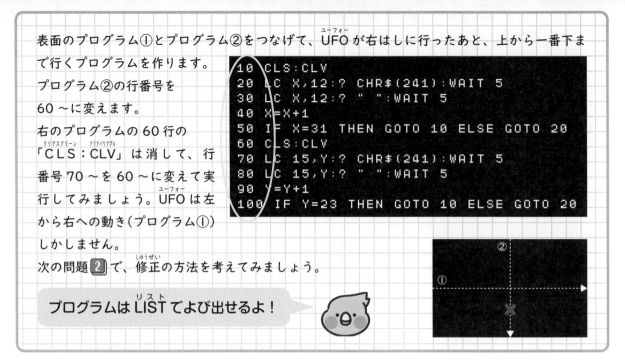

```
10 CLS:CLV
20 LC X,12:? CHR$(241):WAIT 5
30 LC X,12:? " ":WAIT 5
40 X=X+1
50 IF X=31 THEN GOTO 10 ELSE GOTO 20
60 CLS:CLV
70 LC 15,Y:? CHR$(241):WAIT 5
80 LC 15,Y:? " ":WAIT 5
90 Y=Y+1
100 IF Y=23 THEN GOTO 10 ELSE GOTO 20
```

> プログラムは LIST（リスト） でよび出せるよ！

2 下のプログラムについて、50 行目と 90 行目の○で囲んだ GOTO（ゴートゥー） のあとの行番号に注目します。

```
10 CLS:CLV
20 LC X,12:? CHR$(241):WAIT 5
30 LC X,12:? " ":WAIT 5
40 X=X+1
50 IF X=31 THEN GOTO ⑩ ELSE GOTO ⑳
60 LC 15,Y:? CHR$(241):WAIT 5
70 LC 15,Y:? " ":WAIT 5
80 Y=Y+1
90 IF Y=23 GOTO ⑩ ELSE GOTO ⑳
```

どのような順番でコマンドが実行されるかを確かめ、プログラムを修正しましょう。
UFO が上から下にも動いたら、（　　）に○を書きましょう。［40点］　　　（　　　）

3 2 の修正後のプログラムを改造して、UFO が表示される位置を変えたり、自分の好きなキャラクターを表示させたりしましょう。正しく実行できたら、（　　）に○を書きましょう。［40点］　　　（　　　）

> 20 行目と 30 行目を変えると、今より上や下から始めたり、60 行
> 目と 70 行目を変えると、今より右や左から始めたりできそうだね。
> キャラクターは、33 のキャラクターコードを見て、変えられるよ。

📺 パソコンを使います。

▶コマンドの確認

◆ BTN

ボタンがおされると 1 を返し、ボタンがおされなければ 0 を返す。
英語の BUTTON 「ボタン」のこと。
※ IchigoJam web では、画面をクリックすると、ボタンをおしたことになります。

BTN が返す 0 と 1 を使って、ボタンをおしたら LED が光るプログラムを作ります。右の①のように入力し、RUN で実行して、画面をクリックしたりはなしたりしてみましょう。画面をクリックしているときだけ(LED 1)、赤いふちどりが出ます。

赤いふちどりが消えていても、プログラムは実行されています。
「ESC」キーをおすと、右の②のようにプログラムが止まります。

```
① 10 LED BTN()
   20 GOTO 10
```

```
② 10 LED BTN()
   20 GOTO 10
   RUN
   Break in 10
   10 LED BTN()
```

画面をクリックしていれば BTN は 1 を返す→ LED 1 になって赤いふちどりが出る
画面をクリックしていなければ BTN は 0 を返す→ LED 0 になって赤いふちどりを消す

---

1 右のプログラムについて、次の問題に答えましょう。

[( )1つ 10点]

```
10 LED BTN()
20 WAIT 60
30 LED 0
40 WAIT 60
50 GOTO 10
```

① 画面をクリックすると、どうなりますか。次の( )にあてはまる数字と文を書き入れましょう。

10 行の BTN が (　　　) を返すので、(　　　　　　　　　　　　　　　)。

② 赤いふちどりの点めつがおそくなるように、このプログラムを改造しましょう。正しく実行できたら、( )に○を書きましょう。 (　　)

③ 画面をクリックしたままにすると、赤いふちどりが点めつしなくなるように、このプログラムを改造しましょう。正しく実行できたら、( )に○を書きましょう。

(　　)

©くもん出版

36 で学んだ IF を使った右のプログラムを入力して
みましょう。右のプログラムでは、「THEN」と「ELSE」
を省略しています。

```
10 IF BTN()=0 GOTO 10
20 LED 1
```

10 行目：IF（もし）、BTN（ ）＝0（BTN が 0 を返してくれば）、GOTO 10（10 行へ進め）なので、
画面がクリックされていなかったら 10 行をくり返す（次に進まない）というプログラムです。画
面をクリックすると BTN が 1 を返すので、次の行（20 行）に進みます。

20 行目：LED 1 なので赤いふちどりが出ます。

RUN でプログラムを実行して、画面をクリックすると、赤いふちどりが出ます。

次に、赤いふちどりが出ているときにクリックしたら、今度は赤いふちどりが消えるように、
30 行と 40 行を加えます。

30 行目：画面がクリックされていなければ 30 行をく
り返し、画面をクリックしたら 40 行に進ませるよう
にします。

40 行目：LED 0 なので赤いふちどりが消えます。

```
10 IF BTN()=0 GOTO 10
20 LED 1
RUN
OK
30 IF BTN()=0 GOTO 30
40 LED 0
```

RUN でプログラムを実行して、画面をクリックすると、赤いふちどりが消えます。

2 右のプログラムを実行しました。正しいほう
に〇をつけましょう。　　　　　[1問 12点]

```
10 IF BTN()=0 GOTO 10
20 LED 1
```

① 画面をクリックしていないとき、20 行に（　進む　・　進まない　）。

② 画面をクリックしたとき、赤いふちどりが（　出る　・　出ない　）。

③ 次に、赤いふちどりが出ているときにクリック
したら、今度は赤いふちどりが消えるように、30
行と 40 行を加えます。（　　）にあてはまる命令
を書きましょう。

（　　　　　　　　　　）

```
10 IF BTN()=0 GOTO 10
20 LED 1
RUN
OK
30 IF BTN()=0 GOTO 30
40 (       )
```

④ ③で完成したプログラムを RUN で実行してみましょう。正しく実行できたら、（　　）
に〇を書きましょう。

（　　）

⑤ 40 行に進むためには、画面をクリックしますか。しませんか。

（　　　　　　　　　　）

パソコンを使います。

> 37 のプログラムを、画面をクリックすると、赤いふちどりが出たり消えたりするプログラムに改造します。50行で10行にもどすGOTOを加えて、RUNで実行してみましょう。
>
> あれ？画面をクリックしても、赤いふちどりが出たままだったり、点めつしたりするよ！
>
> ```
> 10 IF BTN()=0 GOTO 10
> 20 LED 1
> 30 IF BTN()=0 GOTO 30
> 40 LED 0
> 50 GOTO 10
> ```
>
> コンピュータの判断は早いので、すぐに次に進まないように、WAITを使います。
> 20行目と40行目：WAIT 120を加えて、「Enter」キーをおして覚えさせます。
>
> ```
> 10 IF BTN()=0 GOTO 10
> 20 LED 1:WAIT 120
> 30 IF BTN()=0 GOTO 30
> 40 LED 0:WAIT 120
> 50 GOTO 10
> ```
>
> 画面をクリックすると、20行のWAIT 120によって、必ず2秒は赤いふちどりが出ます。
> さらにクリックすると、40行のWAIT 120で、必ず2秒は消えます。
> そのため、20行と40行で2秒間、赤いふちどりが出たり消えたりしている間にクリックしても、次へ進みません。クリックするタイミングをいろいろ変えて、確かめてみましょう。

1 「画面をクリックすると、赤いふちどりが出たり消えたりする」プログラムを作ります。
次の問題に答えましょう。

［1問 12点］

① 右のプログラムのGOTOのあとの
（　　）にあてはまる命令を書きましょう。

```
10 IF BTN()=0 GOTO (      )
20 LED 1:WAIT 120
30 IF BTN()=0 GOTO (      )
40 LED 0:WAIT 120
50 GOTO (      )
```

10行（　　　　）　30行（　　　　　　）

50行（　　　　　）

② ①で完成したプログラムをRUNで実行してみましょう。正しく実行できたら、（　　）に〇を書きましょう。　　　　　　　　　　　　　　　　　　　　（　　）

③ ①で完成したプログラムを実行したとき、画面をクリックしたままにすると、赤いふちどりはどうなりますか。

（　　　　　　　　　　　　　　　　　　　　　　　　　　　　　）

2 表面で作った下のプログラムを改造してみましょう。正しく実行できたら、（　）に〇を書きましょう。

[1問 16点]

```
10 IF BTN()=0 GOTO 10
20 LED 1:WAIT 120
30 IF BTN()=0 GOTO 30
40 LED 0:WAIT 120
50 GOTO 10
```

① すばやく画面を2回クリックしても、赤いふちどりが出たり消えたりするように、20行と40行の WAIT のあとの数字を変えましょう。

（　　　）

② 「画面をクリックしている間だけ赤いふちどりが消える」ように、このプログラムを改造しましょう。

（　　　）

③ 「画面がクリックされたら、赤いふちどりが点めつし始める」ように、このプログラムを改造しましょう。

（　　　）

④ 自分の好きなように赤いふちどりが出たり消えたりするように、このプログラムを改造してみましょう。

（　　　）

> 15 の「コンピュータを使って、人がいるときにだけ明かりがつくようなしくみ」は、センサーで判断していたね。
> IchigoJam では、条件分岐は IF、くり返しは GOTO にあたるね。

© くもん出版

📺 パソコンを使います。

1 次のコマンドの意味にあてはまるコマンドを、下の ┆┄┆ から1つずつ選んで答えましょう。

[1問 4点]

① 文字や数字、記号を画面のどこに表示するか指定する。 （　　　　　）

② 不規則な数字を返させる。 （　　　　　）

③ 条件をつけて、コンピュータに判断させる。 （　　　　　）

④ 指定した数字や文字を画面に表示する。 （　　　　　）

⑤ 指定した時間、そのまま待たせる。 （　　　　　）

⑥ 画面に表示されているものをすべて消す。 （　　　　　）

⑦ 覚えているプログラムをよび出して表示する。 （　　　　　）

⑧ 覚えているプログラムを忘れさせる。 （　　　　　）

⑨ 指定したコードのキャラクターを表示させる。 （　　　　　）

⑩ プログラムを実行する。 （　　　　　）

```
キャラクター      クリアスクリーン    イフ       リスト      ロケイト
CHR         CLS        IF       LIST     LOCATE
ニュー        プリント       ランダム     ラン       ウェイト
NEW         PRINT      RND      RUN      WAIT
```

2 右のプログラムを実行しました。正しいほうに〇をつけましょう。

[1問 6点]

```
10 LED BTN()
20 GOTO 10
```

① 画面に赤いふちどりが出ているとき、画面をクリックして（　いる　・　いない　）。

② 画面に赤いふちどりが出ているとき、（　LED 0　・　LED 1　）になっている。

3 「＠」や「＊」などを星に見立てて、画面に表示する下のプログラムについて、次の問題に答えましょう。

[1問 8点]

```
10 CLS
20 LC 5,10:? "@":WAIT 30
30 LC 25,10:? "*":WAIT 30
40 LC 10,5:? "#":WAIT 30
50 LC 20,20:? "$":WAIT 30
60 GOTO 10
```

① 次の（　）にあてはまる数字を書き入れましょう。

(1) IchigoJam web の画面では、左上が(0，0)で、横が 0 ～（　　　　　）、たてが 0 ～（　　　　　）の数字の組み合わせで位置を指定します。

(2) 40 行の星「#」の左からの位置は（　　　　　）、上からの位置は（　　　　　）です。

② 5つ目の星を、左から 15、上から 17 の位置に加えましょう。正しく実行できたら、（　）に〇を書きましょう。

（　　　）

③ WAIT を使って、星が表示されるスピードをもっとゆっくりにしましょう。正しく実行できたら、（　）に〇を書きましょう。

（　　　）

④ WAIT のあとの数字をいろいろ変えて、一定のリズムで星が表示されるのではなく、それぞれちがうリズムで星が表示されるようにしましょう。正しく実行できたら、（　）に〇を書きましょう。

（　　　）

⑤ RND を使って、プログラムをくり返すたびに、星が表示されるリズムが変わるようにしましょう。正しく実行できたら、（　）に〇を書きましょう。

（　　　）

月　日　　時　分〜　時　分

名前

点

1 フローチャートを使って、カメのロボットに命令します。カメのロボットは、前を向いている方に進み、通った道に線をかき、はじめの向きにもどります。

通った線でできた図形で、「1辺が5cmの正三角形をかく」フローチャートを、次のようにかきました。

[1問 6点]

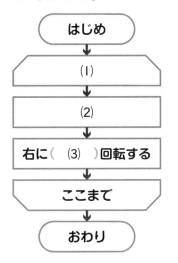

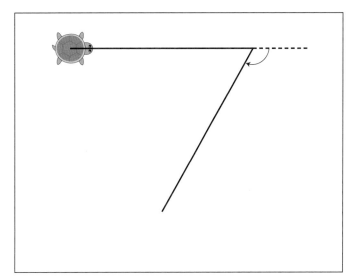

① (1)、(2)にあてはまる命令を、( )に書きましょう。

(1) ( )　　(2) ( )

② (3)にあてはまる角度を、( )に書きましょう。　　　　　( )

③ 「1辺が5cmの正方形をかく」とき、(1)、(3)にあてはまる命令や角度を、( )に書きましょう。

(1) ( )　　(3) ( )

④ 「1辺が5cmの正六角形をかく」とき、(3)にあてはまる角度は、正三角形のときと比べて、小さくなりますか。それとも、大きくなりますか。

( )

2 計算ロボットに、下のような計算をさせるための命令を、2つ作ります。

[（　）1つ　8点]

命令：命令㋐
過程：数字3＝数字1×数字2
結果：数字3

命令：命令㋑
過程：数字3＝数字1÷数字2
結果：数字3

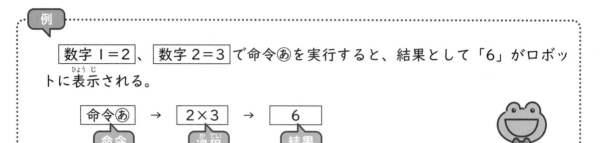

例

数字1＝2、数字2＝3で命令㋐を実行すると、結果として「6」がロボットに表示される。

命令㋐　→　2×3　→　6
命令　　　　過程　　　　結果

① 12個の箱の中に、それぞれ4つずつボールが入っています。ボールが全部でいくつあるかを計算するために、計算ロボットには、どのような命令をすればいいですか。また、結果としてロボットには何が表示されますか。（　　）にあてはまる数字や記号を書きましょう。

実行する命令　　数字1＝（　　　　　）、数字2＝（　　　　　）、命令（　　　　）

ロボットに表示されるもの　　　　　　　　　　　　　　　　（　　　　　）

② 24個のドーナツを3人で分けます。一人いくつのドーナツがもらえるかを計算するために、計算ロボットには、どのような命令をすればいいですか。また、結果としてロボットには何が表示されますか。（　　）にあてはまる数字や記号を書きましょう。

実行する命令　　数字1＝（　　　　　）、数字2＝（　　　　　）、命令（　　　　）

ロボットに表示されるもの　　　　　　　　　　　　　　　　（　　　　　）

月 日　時 分〜 時 分

名前

点

📺 パソコンを使います。

1 かんたんな「おみくじ」のプログラムを作ります。おみくじには、「大吉・吉・中吉・小吉・末吉・凶」の 6 つの運勢があり、それぞれに、0 から 5 までの数字をつけます。

			リスト
よい運勢	0 大吉	→	0 DAI-KICHI
	1 吉	→	1 KICHI
	2 中吉	→	2 CHU-KICHI
	3 小吉	→	3 SHO-KICHI
	4 末吉	→	4 SUE-KICHI
悪い運勢	5 凶	→	5 KYO

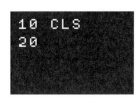

```
10 CLS
20
```

この 0 から 5 までの数字の中から 1 つの数字をランダムに画面に表示させるプログラムを作ります。数字が表示されてから 3 秒おくれてリストが出るように、WAIT を使います。右上のプログラムのように、CLS から始めて、プログラムを完成させましょう。正しく実行できたら、（　　）に○を書きましょう。　　　　　　　　　　　　［20点］

（　　　　）

2 画面に赤いふちどりが 2 秒出て 2 秒消えたあとに、1 秒出て消えるプログラムを作りましょう。正しく実行できたら、（　　）に○を書きましょう。　　　　　　　　　　　　［20点］

（　　　　）

3 次の問題に答えましょう。　　　　　　　　　　　　　　　　　　［1問 5点］

① 「＝」を使って、X に 172、Y に 18 を覚えさせたとき、次の式の答えを予想して書きましょう。

(1) X＋Y （　　　　　　）　　　　　(2) X－Y （　　　　　　）

(3) X＊Y （　　　　　　）　　　　　(4) X／Y （　　　　　　）

(5) X％Y （　　　　　　）

② ①で予想したら、それぞれの式の結果を画面に表示させましょう。すべての式で予想した数字が表示されたら、（　　）に○を書きましょう。　　　　　（　　　　）

4 星「＊」が流れるプログラムを作ります。次の問題に答えましょう。正しく実行できたら、（　　）に○を書きましょう。　　　　　　　　　　［1問 10点］

```
10 CLS:CLV
20 X=15:Y=11
30 LC X,Y:? "*":WAIT 10
40 LC X,Y:? " ":WAIT 10
50 (            )
60 GOTO 30
```

① 星「＊」を右上の方向に動かすために、50 行の（　　）にあてはまる命令を入れて、RUN で実行してみましょう。

　　　　　　　　　　　　　　　　　　　　　　　　　　　（　　　　）

② 星「＊」を左下の方向に動かすために、50 行の（　　）にあてはまる命令を入れて、RUN で実行してみましょう。

　　　　　　　　　　　　　　　　　　　　　　　　　　　（　　　　）

③ ②のプログラムの星がもっとはやく流れるようにしましょう。

　　　　　　　　　　　　　　　　　　　　　　　　　　　（　　　　）

パソコンを使います。

ランダムに表示される岩をよけて、川を下るゲームを作ります。画面を川、「O」を自分のカヌー、「＊」を岩に見立てて、川下りをするプログラムを作ります。右のプログラムのように入力して、RUNで実行してみましょう。

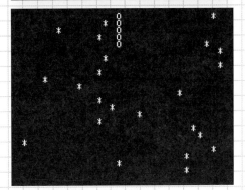

```
10 CLS
20 X=15
30 LC X,5:? "O"
40 LC RND(31),23:? "*"
50 WAIT 5
60 GOTO 30
```

10行目：CLSで、画面の表示を消します。

20行目：Xは自分の左からの位置の変数で、はじめは15とします。

30行目：LCで、自分のカヌー「O」を表示する位置を決めます。上からの位置は5とします。

40行目：岩「＊」を表示する位置を指定します。左からの位置が0から30までのどこかに表示されるように、RND(31)とします。上からの位置は画面の一番下の23にします。

「ESC」キーをおすと、プログラムが止まります。

GOTO 30をくり返すと、画面全体が上にあがっていくのは、＊を上から23の位置に表示するたびに、改行して1行ずつ画面全体があがっていくからだよ。

35 でやったように、PRINTコマンドは改行もふくむ命令だったね。

1 右のプログラムについて、次の問題に答えましょう。　　　[1問 20点]

```
10 CLS
20 X=15
30 LC X,5:? "O"
40 LC RND(31),23:? "*"
50 WAIT 5
60 GOTO 30
```

① 50行のWAITのあとの数字を大きくすれば、1つの岩「＊」が表示される時間が長くなります。WAITのあとの数字を変えて、川の流れをおそくしましょう。正しく実行できたら、（　　）に○を書きましょう。

（　　）

② 50行をなくすと、川の流れはどうなりますか。実際に、プログラミングして確かめてから答えましょう。　　（　　　　　　　　　　　　）

岩をよけるために、左右のカーソルキーで、カヌー「O」を左右に動かせるように、表面のプログラムを、右のように改造します。
LISTでプログラムをよび出しましょう。
60〜70行目：BTN(28)は「←(左)」をおしたときに1を返し、BTN(29)は「→(右)」をおしたときに1を返してきます。

```
10 CLS
20 X=15
30 LC X,5:? "O"
40 LC RND(31),23:? "*"
50 WAIT 5
60 X=X-BTN(28)
70 X=X+BTN(29)
80 GOTO 30
```

「←(左)」をおしたときに左へ動くようにするには、変数Xから1を引き、「→(右)」をおしたときに右へ動くようにするには、変数Xに1を足します。
これでカヌーを左右に動かせるようになります。RUNで実行してみましょう。

> IchigoJamでは、左のカーソルキーの番号は28、右のカーソルキーの番号は29なんだ。
> BTNはボタンをおすと1を返してきて、おしていなければ0を返してくると、37 で学んだね。ボタンをおすと返してくる1を使って、自分の左からの位置を示す変数Xの数字を変えて、自分の位置を左右に動かしているんだ。

2 右のような画面を川、「O」を自分のカヌー、「*」を岩に見立てた川下りゲームのプログラムについて、次の問題に答えましょう。

[1問 20点]

```
10 CLS
20 X=15
30 LC X,5:? "O"
40 LC RND(31),23:? "*"
50 WAIT 5
60 X=X-BTN(28)
70 X=X+BTN(29)
80 GOTO 30
```

① 60行を消すと、カヌー「O」の動きはどうなりますか。実際に、プログラミングして確かめてから答えましょう。

(　　　　　　　　　　　　　　　　　　　　　)

② 70行を消すと、カヌー「O」の動きはどうなりますか。実際に、プログラミングして確かめてから答えましょう。

(　　　　　　　　　　　　　　　　　　　　　)

③ もっとゲームらしくするために、カヌーが岩にぶつかったらおわるプログラムに改造します。80行を「IF SCR(X,5)=0 GOTO 30」に変えて、RUNで実行してみましょう。正しく実行できたら、(　　)に○を書きましょう。 (　　)

1 順次　3・4ページ

1 ① エ　② ⑦

2 ①

②

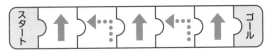

③

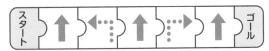

④

2 くり返し　5・6ページ

1 ①

を（ 4 ）回くり返す。

②

を（ 3 ）回くり返す。

2 ① ⑦　② エ

3 ① 3　② 2

4 ① ＜命令＞スタートから

を（ 2 ）回くり返す。

② ＜命令＞スタートから

を（ 3 ）回くり返す。

3 フローチャート①　7・8ページ

1 ① ドアが開く　② ドアが閉まる

2 ①

（　）
（○）
（　）

②

（　）
（　）
（○）

▶ポイント

プログラムは、「順次」・「くり返し」・「分岐」という3つの基本の動きを組み合わせてつくります。「順次」は命令された順番通りに実行すること、「くり返し」は同じ手順をくり返し実行することです。

2 ① 🐵🦒を4回くり返します。
② 🦊🐺🦁を2回くり返します。

4 フローチャート② ⟨9・10ページ⟩

1 ① に○

② 🦋 に○

2 ① ⑦　② ⑦

---

1 ① １マス進む→右を向く→１マス進む→右を向く→１マス進む

になります。

② 右を向く→１マス進む→左を向く→１マス進む→左を向く→１マス進む

になります。

2 ① １マス進む→１マス進む→右を向く→１マス進む

で、小鳥のところまで進めます。

② １マス進む→左を向く→１マス進む→１マス進む→１マス進む→右を向く→１マス進む

で、小鳥のところまで進めます。

---

5 フローチャート③ ⟨11・12ページ⟩

1 ① ④　② ㋤

2 ① ⑦　② ㋤

---

6 フローチャート④ ⟨13・14ページ⟩

1 ① １マス進む

② 右を向く

③ (1) 右を向く　(2) 右を向く

2 ① ２

② 左

③ (1) ２　(2) 左

④ (1) ３　(2) 左　(3) 右

---

2 ① １マス進む→１マス進む

で、「１マス進む」を２回くり返すと、骨のところまで進めます。

② 左を向く→１マス進む→左を向く→１マス進む→左を向く→１マス進む

で、「左を向く→１マス進む」を３回くり返すと、犬小屋のところまで進めます。

③ ２マス進む→左を向く→２マス進む→左を向く

で、「２マス進む→左を向く」を２回くり返すと、飲み水のところまで進めます。

④ ２マス進む→左を向く→２マス進む→左を向く→２マス進む→左を向く→右を向く→１マス進む

で、「２マス進む→左を向く」を３回くり返して右を向き、１マス進むと、切株のところまで進めます。

---

7 フローチャート⑤ ⟨15・16ページ⟩

1 ⑦

2 ① ⑦　② ⑦

---

2 ① 正しい並べ方は、🐌 🦋 が２回くり返されているので、くり返しの「ここまで」の命令は、🐌 🦋 のすぐ下になります。

② 正しい並べ方は、🐹 と 🐘 の順番が逆で、さらに 🐘 の数が５つになっています。

8

分岐 17・18ページ

1 ① ⑦　　② ㊊

2 ① ⑦　　② ⑰

3 ① ひまわり

② おにぎり

▶ポイント ○○

「分岐」は、プログラムの3つの基本（きほん）の動き
の1つで、条件（じょうけん）（ルール）に合わせて次の動
きを変えることです。

9 **フローチャート⑥** 19・20ページ

1 ① ⑦　　② ⑦

2 ① ⑦　　② ㊊

▶ポイント ○○

1 ① を2個積（つ）むまでは「いいえ」
に進み、2個積んだあとは、「はい」
に進みます。

② はじめて積む場合は「はい」に進み、
2回目以降（いこう）は「いいえ」に進みます。

10 **フローチャート⑦** 21・22ページ

1 ① 1　　② 4

2 ① 3　　② 2

▶ポイント ○○

1 ① ▲が1つなので、表が出たのは1
回です。

② 「うらが出る→いいえ」の場合、表
が出ています。□が4つなので、表
が出たのは4回です。

2 ① □▼が3つなので、表が出たのは
3回です。

② 「うらが出る→いいえ」の場合、表
が出ています。●○○が2つなので、
表が出たのは2回です。

11 **正多角形をかこう①** 23・24ページ

1 ① 正三角形

② (1) 3　　(2) 4　　(3) 120

2 ① 正方形

② (1) 4　　(2) 4　　(3) 90

▶ポイント ○○

1 4cm 進む→右に120°回転する→ 4cm
進むで、60°の角がかけます。

12 **正多角形をかこう②** 25・26ページ

1 (1) 5　　(2) 3　　(3) 72

2 ① 3cm 進む

② ⑦

正多角形をかこう③ 27・28ページ

1 ① (1) 8   (3) 45°
② 2cm 進む
③ 小さくなります。

2 ① (1) 12   (2) 30°
② (1) 100   (2) 3.6°

▶ポイント ●●○

1 ③ 正三角形のとき 120°、正方形の
とき 90°、正五角形のとき 72°、正
六角形のとき 60°、正八角形のとき
45°で、だんだん小さくなっていく
ことがわかります。

2 ① (2) 360°÷12＝30°
② (2) 360°÷100＝3.6°

14 **円をかこう** 29・30ページ

1 ① 小さくなります。
② 多くなります。

2 ① ⑦
② 18°
③ 40 回

▶ポイント ●●○

2 ② 360°÷20＝18°
③ 360°÷9°＝40 回

15 **明かりをつけよう①** 31・32ページ

1 ① 人が近づいたかどうか
② 明かりがつく
③ 明かりを消す

2 くり返しはじめ ⑦

くり返しおわり ㋓

3 （例）

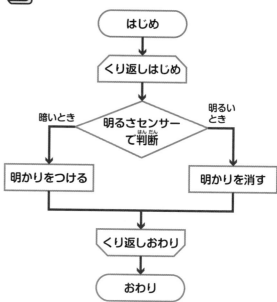

16 **おみくじをつくろう①** 33・34ページ

1 ① 3   ② 1
③ 2   ④ 3

2 ① 0 から 5 までの数字の中から、1 つ
の数字を選ぶ
② 0 を表示する
③ 5 を表示する

1　① (1) 14　　(2) 2
　　② (1) 18　　(2) 6

2　① (1) 12　　(2) 8
　　　(3) 20　　(4) 5
　　② (1) 12　　(2) 6
　　　(3) 27　　(4) 3

▶ポイント ● ○

1　① (1) $8+6=14$
　　　(2) $8-6=2$
2　② (1) $3+9=12$
　　　(2) $9-3=6$
　　　(3) $3×9=27$
　　　(4) $9÷3=3$

18 変数② ⎰37・38ページ⎱

1　① 6　　② 3

2　① 5　　② 10

3　① 10　　② 11
　　③ 13

▶ポイント ● ○

3

長さ＝6
のりしろの長さ＝1
長さ＝長さ＋のりしろの長さ

　3行目は、右辺を計算してから、その結果を左辺の変数の「長さ」で覚えるという順番になります。算数の「＝」とは考え方がちがうので、気をつけましょう。

19 変数③ ⎰39・40ページ⎱

1　⑦

2　① ⑦　　② ⑦
　　③ ⑦

▶ポイント ● ●

1　3人分なので、
　玉ねぎ：$66×3=198$
　にんじん：$198÷2=99$
　じゃがいも：$99+7×3=120$

2　① 玉ねぎが$66×3=198$gより重く、にんじんが$198÷2=99$gより重く、じゃがいもが$99+7×3=120$gより重いのは、⑦です。
　　② 玉ねぎが$66×4=264$gより重く、にんじんが$264÷2=132$gより重く、じゃがいもが$132+7×4=160$gより重いのは、⑦です。
　　③ 玉ねぎが$66×5=330$gより重く、にんじんが$330÷2=165$gより重く、じゃがいもが$165+7×5=200$gより重いのは、⑦です。

1 ① 36　② 81

2 11

3 ① 横の長さ
　 ② 30

4 ① ㋐　② ㋔

▶ポイント　　　　　　　　●●

1 ① 6×6＝36
　 ② 9×9＝81
2 5＋6＝11
3 ① 体積は、たての長さ×横の長さ×
　　 高さで、求められます。
　 ② 3×5×2＝30
4 ① ?－2＝4　 ?＝4＋2＝6
　 ② ?－5＝7　 ?＝7＋5＝12

1 (1) ㋑　(2) ㋔
　 (3) ㋐

2 ㋑

3 ① 40°
　 ② （上から）　正九角形、3
　 ③ (1) ㋐　(2) ㋑　(3) ㋐

▶ポイント　　　　　　　　●●

1 まず、▰を積むので、(2)は▰で、1
　 回で▰を2個積むから、4個積むに
　 は2回くり返します((1))。最後に、▮
　 を積みます((3))。
3 ① 13 で学んだように、
　　 回転する角度×くり返しの回数
　　　　　　　　　　　　＝360°
　　 なので、40°になります。
　 ③(1)　正十二角形なので、12（数字1）
　　　　 回くり返します。
　　 (2)　1辺が4cmなので、4（数字2）
　　　　 cm進みます。
　　 (3)　回転する角度＝360°÷くり返し
　　　　　の回数なので、360°÷12（数字1）
　　　　　になります。

▶ポイント　　　　　　　　●●

IchigoJam では「Enter」キーをおすと、プ
ログラムがコンピュータに入っていきます。
これからはじまるプログラミングでは、
プログラムを入力するたびに、「Enter」キー
をおすことを忘れないようにしましょう。

2　③　「CSL」を「CLS」にする。

▶ポイント　●●

画面に正しく入力できたかを、最初のうちは
おうちのかたに確認してもらいましょう。

24　明かりをつけよう②　49・50ページ

1　LED1に○

2　①　画面に「LED1」
　　　→「Enter」キーをおす。
　　②　画面に「LED0」
　　　→「Enter」キーをおす。

3　①　30　②　60　③　120
　　④　180　⑤　600

4
```
LED1:WAIT300:LED0
```

▶ポイント　●●

4　5秒はWAIT300になります。

25　明かりをつけよう③　51・52ページ

1　①　WAIT60
　　②
```
10 LED1
20 WAIT60
30 LED0
```

2　①　10行　②　30行

3　（例1）
```
10 LED 1:WAIT 60
20 LED 0:WAIT 60
30 GOTO 10
```
（例2）
```
10 LED 1:WAIT 60:LED 0:WAIT 60
20 GOTO 10
```

26　明かりをつけよう④　53・54ページ

1　①　WAIT 120
　　②
```
10 LED 1:WAIT 60
20 LED 0:WAIT 60
30 LED 1:WAIT 120
40 LED 0:WAIT 120
50 GOTO 10
```
　　③
```
10 LED 1:WAIT 60
20 LED 0:WAIT 60
30 LED 1:WAIT 120
40 LED 0:WAIT 120
50 GOTO 30
```
　　④　（左から）2、2

2　①　赤いふちどりが出る。
　　②　（例）
```
LED 1:WAIT 900:LED 0
```

3　①
```
10 LED 1:WAIT 10
20 LED 0:WAIT 10
30 GOTO 10
```
　　③　$\frac{1}{6}$秒
　　④　（例）
```
10 LED 1:WAIT 120
20 LED 0:WAIT 120
30 LED 1:WAIT 60
40 LED 0:WAIT 60
50 GOTO 10
```

27　おみくじをつくろう②　55・56ページ

1　①　？
　　②
```
10 PRINT "12345"
RUN
12345
OK
```

④ （例 １）

```
10 ? "HELLO WORLD"
RUN
HELLO WORLD
OK
```

（例 2）

```
? "HELLO WORLD"
HELLO WORLD
OK
```

2 ① （左から） 0、5、6

② （左から） 0、14、15

3 ① 0、1

---

28 おみくじをつくろう③ [57・58ページ]

1 ①

```
10 CLS
20 ? "XYZ"
```

ラン
RUN で実行すると、

```
XYZ
OK
```

②

```
10 CLS
20 ? "12345"
```

ラン
RUN で実行すると、

```
12345
OK
```

3 ①

```
10 CLS
20 ? RND(4)
30 WAIT 180
40 ? "0 DAI-KICHI"
50 ? "1 CHU-KICHI"
60 ? "2 SHO-KICHI"
70 ? "3 KYO"
```

② DAI-KICHI（大吉）

③ （例）

```
10 CLS
20 ? RND(5)
30 WAIT 180
40 ? "0 DAI-KICHI"
50 ? "1 CHU-KICHI"
60 ? "2 SHO-KICHI"
70 ? "3 KYO"
80 ? "4 DAI-KYO"
```

▶ポイント

3 ① RND のあとの（ ）に、4 を入れます。

③ 運勢が １ つ増え、0 から 4 までの 5 個の数字から、どれか １ つがランダムに表示されるように、20 行目を RND(5) とします。また、80 行目に「DAI-KYO」を加えます。

‥‥‥‥‥‥‥‥‥‥‥‥‥‥‥‥‥‥‥‥‥‥

キーボードの一番上にあるファンクションキーを使ってみよう。

よく使うコマンドは、文字を入力しなくても、ファンクションキーで実行できます。例えば、クリアスクリーン
CLS と入力しなくても、「F1」をおせば画面の表示をすべて消すことができます。
また、「F5」をおせばプログラムを実行、「F4」をおせば覚えているプログラムを画面に出してくれます。

◆コマンドとファンクションキー

| F1 | F2 | F3 | F4 | F5 | F6 |

クリアスクリーン
CLS
画面の表示を
すべて消す

リスト
LIST
覚えている
プログラム
を表示する

ラン
RUN
プログラムを
実行する

---

29 イチゴジャム
IchigoJam で
計算してみよう① [59・60ページ]

1 ① 442

```
10 ? 326+174-58
RUN
442
OK
```

② 129

```
10 ? 48+18+9*7
RUN
129
OK
```

© くもん出版

③ 27
```
10 ? 52-13-3*4
RUN
27
OK
```

④ 66
```
10 ? 69+8*6-51
RUN
66
OK
```

2 （例）
```
10 ? 200*200
RUN
-25536
OK
```

3 ① 48
```
10 ? 36+48/4
RUN
48
OK
```

② 496
```
10 ? 510-102/7
RUN
496
OK
```

③ 1500
```
10 ? 900/3*5
RUN
1500
OK
```

④ 270
```
10 ? 256+224/16
RUN
270
OK
```

4 ① 5
```
10 ? 47%21
RUN
5
OK
```

② 15
```
10 ? 386%53
RUN
15
OK
```

③ 77
```
10 ? 700%89
RUN
77
OK
```

④ 35
```
10 ? 2345%42
RUN
35
OK
```

▶ポイント ○ ○

2 200×200＝40000 ですが、IchigoJam は、計算できる数の大きさに限りがあります。そのため、計算結果が 32767 より大きい、または－32768 より小さい場合は、表示することができません。

4 ① 47÷21＝2 あまり 5
② 386÷53＝7 あまり 15
③ 700÷89＝7 あまり 77
④ 2345÷42＝55 あまり 35

30 IchigoJam で 計算してみよう② 61・62ページ

1 ① (1) 129 　(2) 89
　　(3) 2180 　(4) 5
　　(5) 9

② (1)
```
10 X=109
20 Y=20
30 ? X+Y
RUN
129
OK
```

(2)
```
10 X=109
20 Y=20
30 ? X-Y
RUN
89
OK
```

(3)
```
10 X=109
20 Y=20
30 ? X*Y
RUN
2180
OK
```

(4)
```
10 X=109
20 Y=20
30 ? X/Y
RUN
5
OK
```

(5)
```
10 X=109
20 Y=20
30 ? X%Y
RUN
9
OK
```

2 ① (1) 70　(2) 3000
(3) 3　(4) 10

② (1)
```
10 CLS
20 X=100
30 Y=30
40 Z=X-Y
50 ? Z
```
RUN で実行すると、
```
70
OK
```

(2)
```
10 CLS
20 X=100
30 Y=30
40 Z=X*Y
50 ? Z
```
RUN で実行すると、
```
3000
OK
```

(3)
```
10 CLS
20 X=100
30 Y=30
40 Z=X/Y
50 ? Z
```
RUN で実行すると、
```
3
OK
```

(4)
```
10 CLS
20 X=100
30 Y=30
40 Z=X%Y
50 ? Z
```
RUN で実行すると、
```
10
OK
```

3 X=25
```
10 CLS
20 X=25
30 Y=32
40 Z=X*Y
50 ? Z
```

▶ポイント ○○

2 RUN で実行すると、10 行目の CLS（クリアスクリーン）でプログラムは消えてしまいますが、LIST（リスト）でプログラムをよび出せますので、40 行目の式の－や＊などの記号を変えれば、プログラムができます。そのとき、すべての行で「Enter」（エンター）キーをおすことを忘れないようにしましょう。

1

① LC

② `LC 30,20:? "A"`

「Enter」キーをおすと、

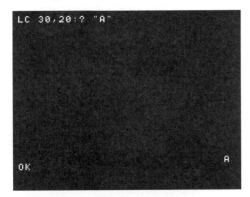

③ `LC 15,15:? "B"`

「Enter」キーをおすと、

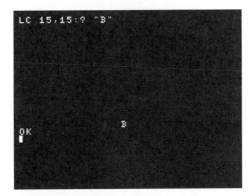

④ RUN で実行すると、

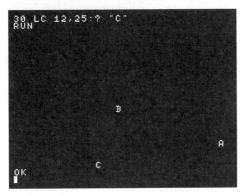

2

①

```
10 CLS
20 LC 5,10:? "@":WAIT 30
30 LC 25,10:? "@":WAIT 30
40 LC 10,5:? "@":WAIT 30
50 LC 20,20:? "@":WAIT 30
60 GOTO 10
```

② （例）

```
10 CLS
20 LC 5,10:? "@":WAIT 30
30 LC 25,10:? "*":WAIT 30
40 LC 10,5:? "#":WAIT 30
50 LC 20,20:? "$":WAIT 30
60 GOTO 10
```

③

```
10 CLS
20 LC 5,10:? "@":WAIT 30
30 LC 25,15:? "*":WAIT 30
40 LC 10,5:? "#":WAIT 30
50 LC 15,20:? "$":WAIT 30
60 GOTO 10
```

3

⑦

▶ポイント

2 RUN で実行すると、10 行目の CLS で
プログラムは消えてしまいますが、
LIST でプログラムをよび出せますので、
変えたいところを変えて、「Enter」キー
をおせば、プログラムを修正できます。

3 例えば、**2** ③のプログラムを実行中
に、「ESC」キーをおすと、下のように、
プログラムが止まります。

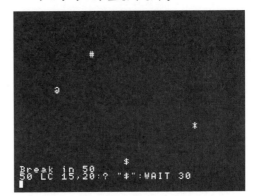

1 ① （左から）6、6、7、6、6、14、5
② （例）

左に 15 ずつ、下に 15 ずつ、それ
ぞれの位置を動かすと、

```
10 CLS
20 LC 18,18:? "#":WAIT 10
30 LC 18,21:? "#":WAIT 10
40 LC 21,17:? "#":WAIT 10
50 LC 22,20:? "#":WAIT 10
60 LC 25,21:? "#":WAIT 10
70 LC 27,21:? "#":WAIT 10
80 LC 29,20:? "#":WAIT 10
90 GOTO 10
```

RUN で実行すると、

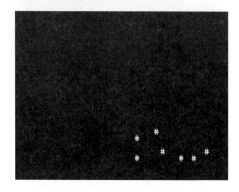

2 ① 40 行と 50 行の WAIT のあとの数
字を、30 より小さくする。
② 40 行と 50 行の WAIT のあとの数
字を、30 より大きくする。

1 ①

```
? CHR$(177)
ア
OK
```

2 ① （例）

```
10 LC RND(32),RND(22)
20 ? RND(10)
30 GOTO 10
```

RUN で実行すると、

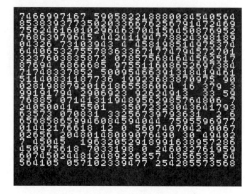

② 実行してしばらくすると、画面が
上へスクロールし始めた。

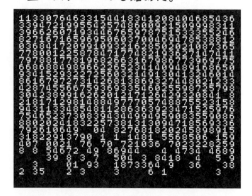

▶ポイント

1 ① 「ア」のキャラクターコードは 177
です。

1
① 20行と30行の WAIT のあとの数
字を、10より小さくする。
② X＝X＋1の1を1より大きくする。

2
①

```
10 CLS:CLV
20 LC X,12:? CHR$(236):WAIT 5
30 LC X,12:? " ":WAIT 5
40 X=X+1
50 GOTO 20
```

②

```
10 CLS:CLV
20 LC 15,Y:? CHR$(236):WAIT 5
30 LC 15,Y:? " ":WAIT 5
40 Y=Y+1
50 GOTO 20
```

▶ポイント

2 ① 「ねこ」のキャラクターコードは
236です。
② 下に動かすためには、LC の上から
の位置を変数 Y にします。

1
① （上から）大きく、小さく
② 30行と40行の WAIT のあとの数
字を、10より大きくする。

2
① ■＋、■－　　② ■－、■－
③ ■＋、■＋

▶ポイント

2 X の値を大きくすれば右に、小さくす
れば左に動きます。Y の値を大きくす
れば下に、小さくすれば上に動きます。
これらを組み合わせれば、ななめの動
きを表現できます。

1

```
10 CLS:CLV
20 LC X,12:? CHR$(241):WAIT 5
30 LC X,12:? " ":WAIT 5
40 X=X+1
50 IF X=31 GOTO 10 ELSE GOTO 20
```

2

```
10 CLS:CLV
20 LC X,12:? CHR$(241):WAIT 5
30 LC X,12:? " ":WAIT 5
40 X=X+1
50 IF X=31 GOTO 60 ELSE GOTO 20
60 LC 15,Y:? CHR$(241):WAIT 5
70 LC 15,Y:? " ":WAIT 5
80 Y=Y+1
90 IF Y=23 GOTO 10 ELSE GOTO 60
```

▶ポイント

2 UFO が右はし（X＝31）に行くまでは
20行にもどり、右はしまで行ったら、
UFO を上から下へ動かすために、60
行へ進みます。UFO が一番下（Y＝23）
に行くまでは60行にもどり、一番下
まで行ったら、再び UFO を左から右へ
動かすために、10行へもどります。

1
① （左から）1、画面に赤いふちどりが
出る
② 20行と40行の WAIT のあとの数
字を、60より大きくする。
③ （例）

```
10 LED 1-BTN()
20 WAIT 60
30 LED 0
40 WAIT 60
50 GOTO 10
```

① 進まないに〇

② 出るに〇

③ LED 0

④ 40行に「LED 0」を入力して、RUNで実行します。

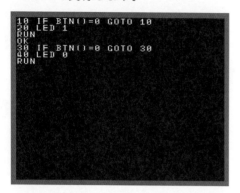

画面をクリックすると、赤いふちどりが消えます。

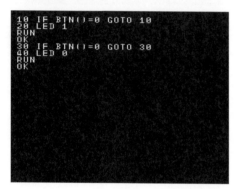

⑤ します。

---

38 明かりをつけよう⑥ 77・78ページ

1 ① 10行：10

30行：30

50行：10

```
10 IF BTN()=0 GOTO 10
20 LED 1:WAIT 120
30 IF BTN()=0 GOTO 30
40 LED 0:WAIT 120
50 GOTO 10
```

③ 赤いふちどりが出たり消えたり（点めつ）をくり返す。

---

① WAITのあとを10などの小さい数字にする。

② （例）

```
10 IF BTN()=1 GOTO 10
20 LED 1:WAIT 120
30 IF BTN()=0 GOTO 30
40 LED 0:WAIT 120
50 GOTO 10
```

③ （例）

```
10 IF BTN()=0 GOTO 10
20 LED 1:WAIT 120
30 LED 0:WAIT 120
40 GOTO 10
```

▶ポイント ○○

2 ① WAIT 10にすると、点めつは$\frac{1}{6}$秒になり、ボタンをすばやくおしても反応します。

② ボタンをおしていないとき、10行はBTNが0を返すので、0≠1で、20行へ進み赤いふちどりが出ます。ボタンをおすと、30行のBTNが1を返すので、1≠0で、40行へ進みます。40行で赤いふちどりが消えて、50行から10行へ進んでくり返します。10行では、ボタンをおしている間は20行へ進まないので、赤いふちどりは消えたままになります。

1
① LOCATE　② RND
③ IF　④ PRINT
⑤ WAIT　⑥ CLS
⑦ LIST　⑧ NEW
⑨ CHR　⑩ RUN

2
① いるに○
② LED 1に○

3
① (1)　(上から) 31、23
　　(2)　(左から) 10、5

② (例)
```
10 CLS
20 LC 5,10:? "@":WAIT 30
30 LC 25,10:? "*":WAIT 30
40 LC 10,5:? "#":WAIT 30
50 LC 20,20:? "$":WAIT 30
55 LC 15,17:? "%":WAIT 30
60 GOTO 10
```

③ (例)
```
10 CLS:WAIT 60
20 LC 5,10:? "@":WAIT 60
30 LC 25,10:? "*":WAIT 60
40 LC 10,5:? "#":WAIT 60
50 LC 20,20:? "$":WAIT 60
55 LC 15,17:? "%":WAIT 60
60 GOTO 10
```

④ (例)
```
10 CLS:WAIT 60
20 LC 5,10:? "@":WAIT 30
30 LC 25,10:? "*":WAIT 60
40 LC 10,5:? "#":WAIT 90
50 LC 20,20:? "$":WAIT 40
55 LC 15,17:? "%":WAIT 20
60 GOTO 10
```

⑤ (例)
```
10 CLS:WAIT RND(60)
20 LC 5,10:? "@":WAIT RND(60)
30 LC 25,10:? "*":WAIT RND(60)
40 LC 10,5:? "#":WAIT RND(60)
50 LC 20,20:? "$":WAIT RND(60)
55 LC 15,17:? "%":WAIT RND(60)
60 GOTO 10
```

▶ポイント

2 クリックしていれば BTN は 1 を返す
→ LED 1 になって赤いふちどりが出る
クリックしていなければ BTN は 0 を
返す→ LED 0 になって赤いふちどり
を消す
となります。

3 ③　10 行の CLS で画面の表示を消
す時間に WAIT をつけます。また、
20 行から 55 行のそれぞれの WAIT
の数を大きくします。
今回は WAIT 60 にしています。
④　それぞれの星が表示される時間
(WAIT の数) を変えれば、表示のリ
ズムを変えることができます。
⑤　それぞれの WAIT の数で RND を
使えば、プログラムをくり返すたび
に、星が表示されるリズムが変わり
ます。

1
① (1)　3 回くり返す
　　(2)　5cm 進む
② 120°
③ (1)　4 回くり返す
　　(3)　90°
④ 小さくなる

2
① (左から) 12、4(または、4、12)、あ
　ロボットに表示されるもの　48
② (左から) 24、3、い
　ロボットに表示されるもの　8

1 （例）

```
10 CLS
20 ? RND(6)
30 WAIT 180
40 ? "0 DAI-KICHI"
50 ? "1 KICHI"
60 ? "2 CHU-KICHI"
70 ? "3 SHO-KICHI"
80 ? "4 SUE-KICHI"
90 ? "5 KYO"
```

RUN で実行すると、例えば、下のよう
に表示されます。

```
3
0 DAI-KICHI
1 KICHI
2 CHU-KICHI
3 SHO-KICHI
4 SUE-KICHI
5 KYO
OK
```

2 （例）

```
10 LED 1
20 WAIT 120
30 LED 0
40 WAIT 120
50 LED 1
60 WAIT 60
70 LED 0
```

3 ① (1) 190 (2) 154
　　(3) 3096 (4) 9
　　(5) 10

② （例）

(1)
```
10 X=172
20 Y=18
30 ? X+Y
RUN
190
OK
```

(2)
```
10 X=172
20 Y=18
30 ? X-Y
RUN
154
OK
```

(3)
```
10 X=172
20 Y=18
30 ? X*Y
RUN
3096
OK
```

(4)
```
10 X=172
20 Y=18
30 ? X／Y
RUN
9
OK
```

(5)
```
10 X=172
20 Y=18
30 ? X%Y
RUN
10
OK
```

4 ① 「X=X+1：Y=Y-1」を入れる。

② 「X=X-1：Y=Y+1」を入れる。

③ 30 行と 40 行の WAIT のあとの数
字を、10 より小さくする。

42 ゲームづくりにちょう戦 (川下り) 85・86ページ

1
① WAIT のあとの数字を、5より大きくする。
② 速くなる。

2
① 左に動かなくなる。（右にしか動かない。）
② 右に動かなくなる。（左にしか動かない。）
③

```
10 CLS
20 X=15
30 LC X,5:? "O"
40 LC RND(31),23:? "*"
50 WAIT 5
60 X=X-BTN(28)
70 X=X+BTN(29)
80 IF SCR(X,5)=0 GOTO 30
```

カヌーが岩にぶつかると、プログラムが止まります。

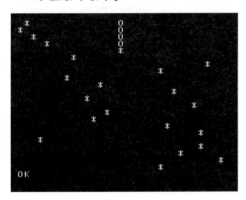

▶ コマンドの確認 ○○

◆ SCR(○, △)

( ) 内の○と△に数字を入れて位置を指定し、指定した位置にある文字や記号の番号（ 33 で学んだキャラクターコード）を返す。指定した位置に何もない場合には 0 を返す。

カヌーと岩がぶつかっている場合、80 行の SCR は＊のキャラクターコードを返してきて、0 にはならないから、30 行にはもどらず、次の行に進むよ。でも、次の行にプログラムがないから、ぶつかったらおわりになるね。

左右のカーソルキーで、うまく岩（＊）はよけられたかな？
カヌーや岩を自分の好きなキャラクターに変えたり、速さや岩の数を変えて難しくしたり、岩にぶつかったら音が鳴ったり、メッセージが表示されたり、もっともっと楽しいゲームに改造できるんだ！
ちょう戦してみよう！

タイピング練習ボードの使い方

ホームポジション

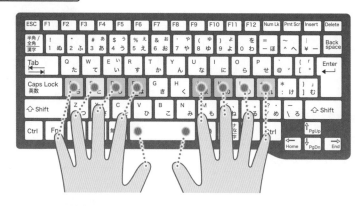

それぞれの指でおすキー

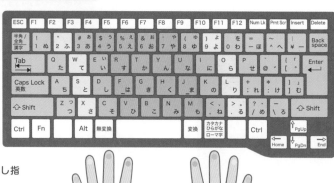

■ 人差し指
■ 中指
■ 薬指
■ 小指

左手　　　　　　　右手

タイピング練習ボードを使って、タイピングの練習をしましょう。

1 上の図を参考に、それぞれの指をキーボードのホームポジションに置きましょう。人差し指のホームポジションである「F」と「J」のキーには、たいていこぶのようなふくらみがついていて、さわっただけでわかるようになっています。

2 それぞれのキーは、どの指で打つかが決まっています。ボードを見て、キーの位置や働きを確認しながら、文字を入力してみましょう。はじめは難しく感じますが、慣れれば早く入力できるようになります。

3 打ちおわったら、指をホームポジションにもどしましょう。

※キーの配置は、機種によってことなります。